Peter Gorges

Synthesizer Programming

Peter Gorges

Synthesizer Programming

(:wizoobooks:)

Autor Peter Gorges

Projektleitung Reinhard Schmitz
Cover-Gestaltung CMPLT, www.cmplt.com
Gestaltung und Satz Uwe Senkler

ISBN 978-3-934903-64-7

Willkommen

Der Synthesizer spielt in meinem Leben zweifellos eine zentrale Rolle. Seit ich mit 13 Jahren meinen ersten sauer erjobbten Korg MS-20 stolz nach Hause trug, habe ich Synthesizer jahrelang live in Bands gespielt, im Studio als Arrangeur und Musiker eingesetzt, ich habe zahlreiche Bücher und zahllose Artikel über Synthesizer geschrieben, viele Factory-Soundbänke für Hersteller programmiert und war irgendwann auch an der Entwicklung einiger Synthesizer beteiligt.

Wenn ich von all diesen Tätigkeiten eine nennen soll, die meine große Leidenschaft ist, dann ist es das Soundprogrammieren. Das Soundprogrammieren ist eine der wenigen Tätigkeiten, über der ich alles vergessen kann und irgendwann wie aus einer Trance erwache, während es draußen inzwischen dunkel, mein Kaffee seit Stunden kalt und ein Termin verpasst ist.

Aus einer Ansammlung von Knöpfen und Schaltern genau die Kombination herauszukitzeln, die so klingt, wie ich es mir wünsche, macht unglaublichen Spaß. Manche lernen das auf Anhieb oder können es automatisch – wie Radfahren oder Kickern. Aber ich habe auch professionelle Soundprogrammierer kennen gelernt, die das Ganze viel Schweiß und Mühe kostet – bei jedem neuen Synthesizer.

Im Laufe der Jahre habe ich zahlreiche Seminare zum Thema gegeben, Mitmusikern immer wieder den einen oder anderen Trick gezeigt und Soundprogrammierkurse für Fachzeitschriften verfasst. Es kristallisierte sich heraus, dass Soundprogrammieren etwas ist, das man anderen beibringen kann, dass es aber bislang kein Buch gibt, das diese Aufgabe erfüllt.

Von 2000 bis 2003 erschien – mit Blick auf eine spätere Zusammenfassung als Buch – unter dem Titel ›Soundforum‹ ein geschlossener Soundprogrammier-Workshop in der deutschen Zeitschrift ›Keyboards‹. Ich habe nie mehr begeisterte Leserzuschriften für irgendetwas bekommen als zu diesem Workshop. Das wiederholte sich, als der Workshop zeitversetzt im US-Magazin ›Keyboard‹ lief. Die Äußerungen glichen sich frappierend: ›Jahrelang habe ich erfolglos herumgebastelt und Artikel oder Bücher gelesen. Mit dem Soundforum kam für mich der Durchbruch.‹ So oder ähnlich lauteten die Statements.

Die Artikelreihe wurde für das Buch überarbeitet, gestrafft und ergänzt. Ergebnis: Ein in sich geschlossener Kurs, mit dem Sie allerbeste Chancen haben, das Programmieren von Synthesizersounds ein für alle Mal von der Pike auf zu lernen. Auch wenn der Kurs sich auf einen speziell dafür programmierten Software-Synthesizer stützt, sind die beschriebenen Techniken und Kniffe auf jeden Synthesizer und jede Syntheseform anwendbar – etwa so, wie man den Führerschein auch nicht nur für bestimmtes Automodell macht.

Viel Spaß und Erfolg beim Synthesizer Programming wünscht Ihnen

Ihr

Peter Gorges

Inhalt

1

Hello again

Als ich das Soundforum konzipierte, wollte ich eine für mich und alle Teilnehmer kompromisslose Lösung finden. Und die konnte nur so aussehen, dass ich einen Synthesizer zur Verfügung hatte, der allen Teilnehmern zugänglich war. Ich sage absichtlich ›Teilnehmer‹ und nicht ›Leser‹, denn das Soundforum ist keine Trockenlesung, sondern eine Anleitung, mit der Sie sich die Soundprogrammierung selbst beibringen oder Ihre Fähigkeiten erweitern und vertiefen können.

Synthesizer zu verschenken

Bei den Recherchen zum Soundforum habe ich verschiedenste Software-Synthesizer ausprobiert, um einen zu finden, der alle gewünschten Kriterien erfüllt, nämlich:

- alle nötigen Features bietet, trotzdem aber erweiterbar ist,
- gut klingt,
- sowohl auf Windows- als auch auf Macintosh-Systemen läuft,
- auf unsere Ansprüche angepasst werden kann und
- kostenlos an die Teilnehmer weitergegeben werden kann.

Einige Dutzend kommerzielle, Shareware- und Freeware-Synthesizer verschwanden ebenso schnell wieder von der Platte, wie sie installiert worden waren.

Meine Wahl fiel schließlich auf Native Instruments. Reaktor-Entwickler Stephan Schmitt erklärte sich sofort bereit, für das Soundforum einen Synthesizer maßzuschneidern, ein einfaches Basismodell ohne Schnörkel, aber mit allen sinnvollen Funktionen. Es wird Sie wenig überraschen, dass er ›Soundforum-Synthesizer‹ heißt.

Seit einiger Zeit ist der inoffizielle Nachfolger des SoundForum-Synthesizers, der ›SoundSchool Analog‹, bei Native Instruments erhältlich. Dieser Synthesizer basiert auf Reaktor-4-Technik und läuft unter Windows XP und unter Mac OS X.

Obwohl der SoundSchool Analog gegenüber dem SoundForum-Synthesizers eine Vielzahl von Verbesserungen und Erweiterungen bietet, importiert der SoundSchool Analog Snapshot-Dateien (.ssf) des SoundForum-Synthesizers. So kann der neue Synth problemlos mit diesem Buch verwendet werden.

Sie können den SoundSchool Analog kostenlos von Native Instruments' Website herunterladen. Geben Sie die folgende URL in das Adressfeld Ihres Browsers ein:

http://www.native-instruments.com/wizoosoundschool.info

Gehen Sie zu ›Download‹, wählen Sie dann die gewünschte Version (PC oder Mac), registrieren Sie sich, indem Sie auf der Download-Seite die erforderlichen Felder ausfüllen, und starten Sie dann den Download.

Achtung! Der SoundSchool Analog läuft nicht auf Macs mit Intel-Prozessor. Sie können jedoch die Trial-Version von Reaktor 5 nutzen. Nähere Informationen finden Sie unter

http://www.wizoobooks.com/programming_synth

Das Soundforum-Konzept

Im Soundforum möchte ich Ihnen die Möglichkeit geben, die Grundlagen des Sounddesigns in Form eines Mitmach-Seminars zu lernen, zu vertiefen oder zu ergänzen.

Halbakademisches wie ›Filter – Chance oder Fluch?‹ oder ›Die Harmonischen Reihen der Grundwellenformen im kritischen Diskurs‹ werden Sie dagegen vergeblich suchen.

Die Experimente

Sie kennen sicher das Prinzip des Elektronikbaukastens. Statt sich die Funktionsweise von Widerständen, Kondensatoren oder Transistoren mühsam anzulesen, bastelt man lieber ein einfaches Radio, einen Tongenerator oder eine Lichtschranke und bekommt das Wissen ganz nebenbei mitgeliefert.

Genau so ist das Soundforum gedacht, nur dass unsere Transistoren ›Oszillatoren‹ heißen, unsere Widerstände ›Filter‹ und unsere Kondensatoren ›Hüllkurven‹.

Ich vertrete hier nicht zum ersten Mal die Meinung, dass Synthesizer-Theorie für einen guten Sounddesigner zweitrangig ist. Erst mal ausprobieren und dann rausbekommen, was man da eigentlich tut – das ist der schnellste und effektivste Weg.

Wenn Sie also ernsthafte Ambitionen haben, die Soundprogrammierung zu lernen oder zu vertiefen, bekommen Sie hier eine erstklassige Chance, das verspreche ich.

2

Der Soundforum-Synthesizer

Den Soundforum-Synthesizer finden Sie auf der beiliegenden CD. Er ist exakt auf das Soundforum zugeschnitten und so schlank und sparsam, dass er auch auf älteren Rechnern noch läuft. Klangqualität und Funktionsumfang entsprechen einem professionellen Hardware-Synthesizer (analog oder virtuell-analog), sodass er das perfekte Werkzeug für einen anspruchsvollen Sounddesign-Kurs ist.

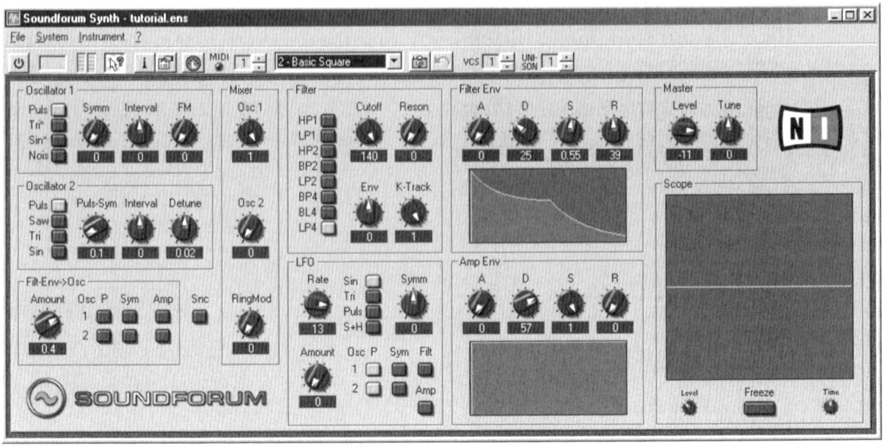

Der Soundforum-Synthesizer.

Systemvoraussetzungen

Der Soundforum-Synthesizer basiert auf der ›Reaktor‹-Technologie von Native Instruments. Es gibt ihn für Windows und Mac OS, und er läuft ab folgenden Systemen:

❖ Mac OS 8.5 oder höher, PPC 604e, 250 MHz, 32 MB RAM, MIDI-Keyboard (empfohlen);

❖ Windows 95 oder höher, Pentium 233 MHz, 32 MB RAM, 16-Bit-Soundkarte, MIDI-Keyboard (empfohlen).

Features

Der Soundforum-Synthesizer entspricht einem guten, grundlegend ausgestatteten polyphonen Analogsynthesizer.

Die Feature-Liste kann sich sehen lassen:

❖ Zwei Oszillatoren mit je vier, teilweise stufenlos regelbaren Wellenformen, Pulsbreite modulierbar.

❖ Ringmodulator, FM, Sync.

❖ Multimode-Filter mit schaltbaren Flankensteilheiten und Resonanz.

❖ Filter-Hüllkurve mit Modulationsmatrix.

❖ ADSR-Hüllkurve für die Lautstärke.

❖ LFO mit vier Wellenformen inklusive Zufall.

❖ Oszilloskop.

❖ Bis zu 64 Stimmen.

❖ Unisono-Modus.

Mit dieser Ausstattung lassen sich auch anspruchsvolle Sounds realisieren, wie Sie sie am Ende dieses Buches programmieren werden.

Wie spielt man den Soundforum-Synthesizer?

Sie können den Soundforum-Synthesizer ganz normal über die üblichen MIDI- und Audio-Schnittstellen Ihres Computers spielen und hören. Wenn Sie gerade kein MIDI-Keyboard zur Hand haben, können Sie auch die Computer-Tastatur benutzen.

Konfiguration unter Windows

Der Soundforum-Synthesizer benötigt zur Ausgabe der erzeugten Klänge eine Soundkarte. Zum Betrieb mit einer Standard-Soundkarte sind keine speziellen Treiber erforderlich: Der Soundforum-Synthesizer nutzt die Standard-MME- und -DirectX-Treiber, die mit der Soundkarte installiert wurden.

Allerdings müssen Sie einige Einstellungen in der Software vornehmen, um eine optimale Performance zu erzielen. Wählen Sie dazu bitte unter *System > Audio Port* den Eintrag *Soundcard* und öffnen Sie mit *System > Audio Settings* den Einstelldialog.

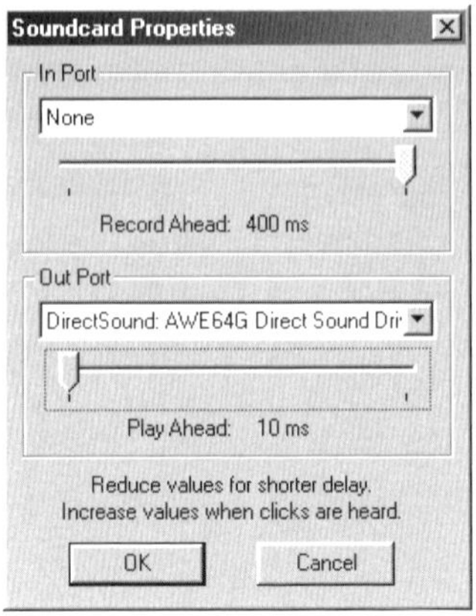

Der Audio-Settings-Dialog für Standard-Soundkarten.

Hinweis: Der In-Port kann im Soundforum-Synthesizer nicht benutzt werden und lässt sich deshalb auch nicht in den Soundcard-Properties aktivieren.

Audiotreiber

Wenn mehrere Soundkarten (oder Gerätetreiber) installiert sind, erlaubt dieser Dialog die Auswahl eines bestimmten Soundkartentreibers für den Betrieb des Soundforum-Synthesizer.

In der Liste für den *Out Port* sind die Einträge durch *MME:* oder *DirectSound:* gekennzeichnet. Die moderneren DirectSound-Treiber sind hinsichtlich der Verzögerung der Audio-Ausgabe meist besser optimiert als die früheren MME-Treiber und daher in vielen Fällen zu bevorzugen. Ich empfehle Ihnen, alle verfügbaren Treiber auszuprobieren, um herauszufinden, mit welchem die geringste Verzögerung erreicht wird. Diesen Treiber sollten Sie dann verwenden.

Benutzen Sie keine emulierten DirectSound-Treiber (normalerweise markiert mit *emulated* oder *emuliert,* denn diese sind in Wirklichkeit nur MME-Treiber, die wie DirectSound-Treiber aussehen und von allen am schlechtesten funktionieren.

Voraussetzung für den Betrieb mit DirectSound-Treibern ist, dass die Windows-Erweiterung DirectX 5.0 (oder neuer) auf Ihrem Rechner installiert ist.

Hinweis: Die Technologie zur Reduktion der Verzögerung (Latenzzeit), die beim Soundforum-Synthesizer eingesetzt wird, stellt hohe Ansprüche an die Soundkarten-Treiber. Viele Treiber, besonders ältere, kommen damit nicht zurecht und führen Fehlverhalten oder Systemabstürze herbei. Bitte sorgen Sie dafür, dass Sie die neuesten Treiber haben, die für Ihre Soundkarte verfügbar sind.

Latenz

Die Verzögerung (Latenz- oder Reaktionszeit) bei der Audio-Ausgabe hängt unter anderem von der Größe der Audio-Buffer ab, die die Software an die Soundkarte übergibt. Für den störungsfreien Betrieb ist eine Mindestgröße erforderlich, die stark vom Typ der Soundkarte und ihrem Treiber abhängt.

Wenn Sie den Soundforum-Synthesizer das erste Mal installieren, können Sie die nachfolgend beschriebenen Einstellungen überspringen und erst einmal das System kennen lernen. Kommen Sie dann später hierher zurück, um die Latenzzeiten zu optimieren und so die bestmögliche Performance zu erhalten.

Die optimale Buffer-Länge für die Klangwiedergabe auf Ihrem System ermitteln Sie wie folgt: Spielen Sie den Soundforum-Synthesizer mit Ihrem MIDI-Keyboard und bewegen Sie dabei den Schieberegler für *Play ahead* soweit nach links, bis Störungen in der Wiedergabe auftreten. Vergrößern Sie nun die Buffer-Länge durch langsames Bewegen des Reglers nach rechts wieder so weit, bis die Störungen verschwinden. Jetzt haben Sie das Optimum für die Ausgabe über Ihre Karte eingestellt.

Wenn *Play ahead* zu klein eingestellt ist, kommt der Klang bei Verwendung von MME-Treibern aus dem Stottern nicht mehr heraus; mit DirectSound-Treibern andererseits gibt es nur einmal ein ›Stolpern‹, wonach die effektive Latenzzeit plötzlich sehr lang wird (ca. 1 Sekunde).

> Wichtig: Damit der Soundforum-Synthesizer bestmöglich arbeitet, müssen Sie jedes Mal *Play ahead* per Hand optimieren, nachdem Sie die Soundkarte gewechselt oder einen neuen Treiber installiert haben.

Übrigens: Die Stimmenzahl (*Number of Voices*) und die Abtastrate (*Sample Rate*), die die Software intern verwendet, haben keinen Einfluss auf die Latenzzeit oder die Timing-Genauigkeit – aber sie beeinflussen über die Prozessorlast natürlich das Systemverhalten insgesamt.

Der Wiedergabepegel der Soundkarte wird über den Mixer der Soundkarte eingestellt. Diesen können Sie mit der Lautstärkeregelung im Windows-Zubehör, den Multimedia-Eigenschaften der Systemsteuerung und oft auch mit einem zum Lieferumfang der Karte gehörenden Programm steuern.

MIDI-Schnittstellen

Die MIDI-Ports, über die der Soundforum-Synthesizer mit der Außenwelt kommunizieren soll, werden im Dialog *MIDI Port* eingestellt, den Sie mit dem Menü-Eintrag *System > MIDI Settings* öffnen. Hier erscheinen alle unter Windows installierten MIDI-Ports, die bei Ihrem PC vorhanden sind.

Falls ein In-Port bereits von einem anderen Programm genutzt wird, kann der Soundforum-Synthesizer nicht mehr auf ihn zugreifen, und der Port wird nicht unter *Available Inports* angezeigt. In diesem Fall sorgen sie dafür, dass das andere Programm den Port freigibt oder dass der Soundforum-Synthesizer zuerst gestartet wird. Umgekehrt muss ein Inport aus der Liste *Installed Inports* im Soundforum-Synthesizer mit *Delete* entfernt werden, wenn ein anderes Programm auf diesen Port zugreifen soll.

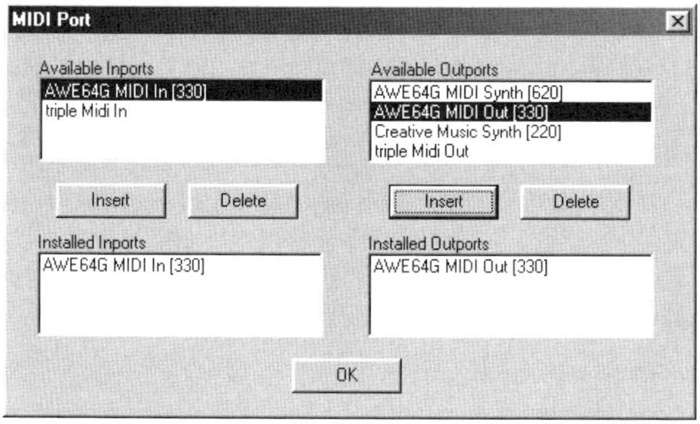

Der MIDI-Port-Dialog.

Deinstallation

Wenn Sie den Soundforum-Synthesizer komplett von Ihrem Rechner löschen möchten, gehen Sie am besten so vor:

1 Wählen Sie *Start > Einstellungen > Systemsteuerung > Software.*

2 Wählen Sie auf der Seite *Installieren/Deinstallieren* in der Liste der installierten Programme den Soundforum-Synthesizer aus.

3 Klicken Sie auf *Hinzufügen/Entfernen*, und bestätigen Sie die Löschabfrage mit *Ja*.

Konfiguration unter Mac OS

Einstellungen für den Audio-Ausgang

Das Fenster mit den Einstellungen für den *Sound Manager* erreichen Sie über *Kontrollfelder* > *Monitore & Ton* und einen Klick auf *Ton*.

Verzögerung

Die Verzögerung (Latenz- oder Reaktionszeit) zwischen einem MIDI-Event und dem Audiosignal, das es auslöst, sollte für ordnungsgemäße Arbeit kurz sein (unter 20 ms).

Wichtig: OMS (Open MIDI System) verzögert den MIDI-Datenstrom deutlich, wenn Mac OS Virtuellen Speicher verwendet. Deswegen müssen Sie den Virtuellen Speicher ausschalten, indem Sie unter *Kontrollfelder* > *Speicher* die Option *Virtueller Speicher* auf *Aus* schalten.

MIDI-Eingang

Der Soundforum-Synthesizer benutzt OMS (Open MIDI System) zum Empfang von MIDI-Steuersignalen.

Sie können den zu verwendenden MIDI-Eingang im Fenster *OMS Settings*, das mit dem Menü *System* > *MIDI Settings* geöffnet wird, auswählen.

ASIO nutzen

ASIO (›Audio Streaming Input Output‹) ist eine von Steinberg entwickelte Treiberarchitektur für Audiokarten. ASIO ist für Mac-OS- und Windows-Rechner verfügbar, bietet eine geringe Latenz und unterstützt auch Mehrkanalkarten.

ASIO-Treiber für eine Audiokarte werden in aller Regel vom Hersteller der betreffenden Karte zur Verfügung gestellt und erlauben den Einsatz der Karte mit allen ASIO-kompatiblen Anwendungen. Haupteinsatzgebiet ist das HD-Recording; mit der zunehmenden Verbreitung nativer Software-Synthesizer wird ASIO wegen der geringen Latenz aber auch für diesen Einsatzbereich immer wichtiger.

Der Soundforum-Synthesizer unterstützt ASIO unter Mac OS und Windows. Die minimale Latenz hängt in erster Linie von der Qualität des verwendeten ASIO-Treibers und seiner richtigen Konfiguration ab.

Mac OS: Damit ASIO-Treiber mit dem Soundforum-Synthesizer benutzt werden können, müssen sie sich in einem Ordner namens *ASIO Drivers* befinden, der im gleichen Ordner wie der Soundforum-Synthesizer liegt.

Um ASIO im Soundforum-Synthesizer zu aktivieren, muss unter *System > Audio Port* der Eintrag *ASIO* selektiert werden. Falls mehrere ASIO-Treiber installiert sind, kann danach unter *System > Audio Settings* der gewünschte ASIO-Treiber ausgewählt werden.

Die Einstellmöglichkeiten unter *System > Audio Settings* hängen grundsätzlich von der verwendeten ASIO-Karte ab – einige Karten können nur über ihr eigenes Kontrollfeld konfiguriert werden. In aller Regel können hier aber Puffergröße und Clock-Rate des Treibers eingestellt werden, und falls die verwendete Karte von externen Quellen synchronisiert werden kann und sich nicht automatisch an die empfangene Clock anpasst, kann man hier meist auch die Sync-Quelle wählen.

Puffergröße und Audio Routing

Bei der Puffergröße (Buffer Size) gibt es unter ASIO eine Besonderheit zu beachten: ASIO-Karten geben einen Bereich an, in dem sie garantiert arbeiten. Da die meisten ASIO-Treiber für HD-Recording-Anwendungen und nicht für Echtzeitsynthese geschrieben wurden, ist diese Angabe manchmal übertrieben hoch, um auch bei problematischen Systemen Knackser zu vermeiden. Der Soundforum-Synthesizer erlaubt auch das Einstellen kleinerer als der vorgegebenen Puffergrößen. Das kann allerdings bei schlecht programmierten Treibern zu einem Programmabsturz führen. Deswegen entspricht die voreingestellte Puffergröße immer dem von der Karte vorgegebenen Wert. Probieren Sie einfach aus, ob auch kleinere Werte gut funktionieren.

Unter *System* > *Audio Routing* können Sie die zwei Audioausgänge des Soundforum-Synthesizers mit den verschiedenen ASIO-Kanälen der Audiokarte verbinden.

So bedienen Sie den Soundforum-Synthesizer

Nach der Installation und dem Einrichten ist der Soundforum-Synthesizer einsetzbar. Starten Sie das Programm, indem Sie den entsprechenden Eintrag im Startmenü wählen.

Wiedergabe von MIDI-Noten

Wenn ein MIDI-Keyboard mit dem Computer verbunden ist und der entsprechende MIDI-Eingang in den MIDI-Settings ausgewählt wurde, können Sie das Instrument schon direkt über das Keyboard spielen.

Die virtuellen Bedienelemente stellen Sie mit der Maus ein. Drehregler werden eingestellt, indem man die Maus bei gedrückter Maustaste nach oben zieht, um einen Wert zu erhöhen, bzw. nach unten, um einen Wert zu verringern. Schalter werden durch einfachen Klick mit der Maustaste aktiviert und deaktiviert.

Die Menüs

Die Befehle zur Steuerung des Programms finden in den verschiedenen Kontextmenüs und in den Menüs der Menü-Leiste. Die übergeordneten Funktionen des Programms, die dort gesteuert werden, sind im Folgenden beschrieben.

Das File-Menü

- Open: Über den Menüpunkt *Open* lässt sich eine zuvor gespeicherte Instanz des Soundforum-Synthesizers öffnen (Datei-Erweiterung ›.ens‹). Andere Instrumente der Native Instruments Reaktor-Serie sind nicht ladbar.
- Save: Der Menüpunkt *Save* speichert den Soundforum-Synthesizer mit sämtlichen Einstellungen (Snapshots, Instrumenten-Info, MIDI-Einstellungen der Bedienelemente und des Instruments) in einer Datei.
- Save As: Der Menüpunkt *Save As* speichert den Soundforum-Synthesizer mit sämtlichen Einstellungen und Snapshots. Im Gegensatz zu *Save* hat man hier jedoch die Möglichkeit, der Datei vor dem Speichern einen neuen Namen zu geben.
- Load Snapshots: Snapshots können mit Hilfe des Snapshot-File-Formats (Dateiendung ›*.ssf‹) gespeichert und geladen werden. Zum Laden von Snapshots wählen Sie *File > Load Snapshots*. Es erscheint eine Dialogbox, in der Sie festlegen können, wie der Snapshot-Import erfolgen soll. Folgende Möglichkeiten stehen zur Verfügung:

  Append: Die Snapshots werden dem letzten aktuellen Snapshot angehängt.

  Insert: Sie können selbst eine Position bestimmen, an der die neuen Snapshots eingefügt werden; alle vorhandenen Snapshots werden nach hinten verschoben.

  Overwrite: Sie können vorhandene Snapshots auch mit den neuen überschreiben, wobei der erste überschriebene Snapshot unter *Position* angegeben werden kann.

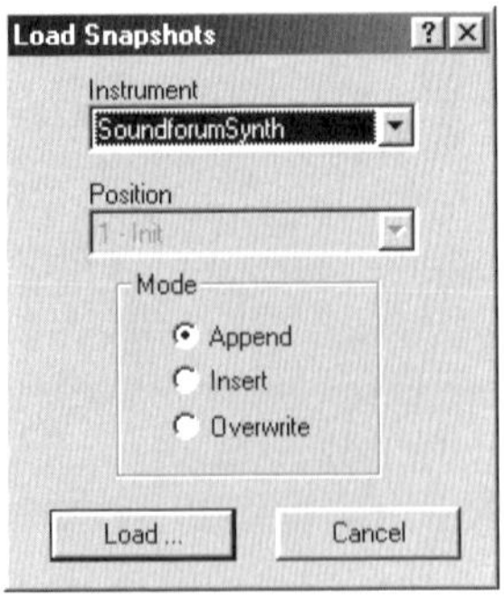

Der Dialog *Load Snapshots.*

- Save Snapshots: Mit der Funktion *Save Snapshot* lassen sich Snapshots exportieren. Wählen Sie dazu *File > Save Snapshots.* Es erscheint eine Dialogbox, in der Sie festlegen können, welcher der erste und letzte zu exportierende Snapshot sein soll. Wenn Sie beispielsweise nur einen Snapshot exportieren möchten, setzen Sie *First* und *Last* auf dieselbe Nummer. Der Schalter *Select All* wählt alle vorhandenen Snapshots aus.

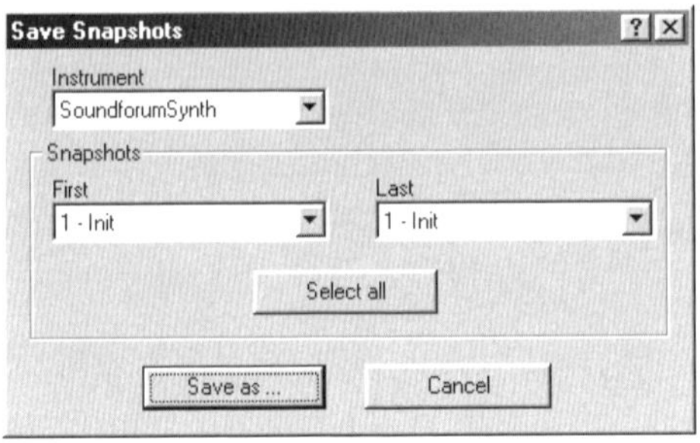

Der Dialog *Save Snapshots.*

- Liste der zuletzt geladenen Dateien: Hier können Sie durch einfachen Mausklick eine der acht zuletzt gespeicherten Instanzen des Soundforum-Synthesizers laden.

- Exit: Der Menüpunkt *Exit* beendet das Programm. Vor dem Schließen erfolgt eine Sicherheitsabfrage, falls der aktuelle Stand des Soundforum-Synthesizers nicht mit seiner zuletzt gespeicherten Fassung übereinstimmt.

Das System-Menü

Die Einträge des System-Menüs dienen in erster Linie der Einstellung übergeordneter Funktionen wie etwa der MIDI-Ein- und Ausgänge oder der Überwachung der durch den Soundforum-Synthesizer verursachten CPU-Belastung.

- Run/Stop Audio: Mit diesem Menüpunkt kann man die Audioberechnung des Soundforum-Synthesizer starten (*Run Audio*) bzw. stoppen (*Stop Audio*). Dies ist also gewissermaßen der Ein/Aus-Schalter des Synthesizers. Dieselbe Funktion erreichen Sie durch den entsprechenden Button in der Toolbar.
- Sample Rate: Hier wird die interne Sample-Rate für Audiosignale eingestellt. Mit höheren internen Sample-Raten erreichen Sie eine bessere Klangqualität, jedoch wird die CPU stärker gefordert. Weicht die interne Sample-Rate von der Sample-Rate der Soundkarte (44100 Hz) ab, wird in Audio-In und Audio-Out eine Konvertierung vorgenommen.
- Audio Port: Dieser Menüpunkt dient zur Auswahl der Soundkarte, deren Ausgänge zur Ausgabe der Signale des Soundforum-Synthesizers dienen (durch das Audio-Out-Modul repräsentiert) und deren Eingänge (durch das Audio-In-Modul repräsentiert) dem System Signale zur Weiterverarbeitung liefern sollen. Auf dem Rechner installierte Schnittstellen werden schwarz dargestellt, nicht verfügbare grau.
- Audio Settings: Dieser Menüpunkt dient unter Windows zur Einstellung der optimalen Audio-Performance Ihrer Soundkarte. Genaueres erfahren Sie im Abschnitt ›Konfiguration unter Windows‹ ab Seite 21.
- Audio Routing: Details zu diesem Menüpunkt finden Sie im Abschnitt ›ASIO nutzen‹ ab Seite 26.
- MIDI Settings: Hier wählen Sie aus, welche der im System installierten MIDI-Eingänge und -Ausgänge der Soundforum-Synthesizer nutzen soll.

Zur Auswahl eines oder mehrerer MIDI-Eingänge wählen Sie die entsprechenden Einträge in der Liste *Available Inports* aus und fügen diese durch *Insert* in die Liste der *Installed Inports* ein. Mit *Delete* können Sie einen ausgewählten Eintrag aus der Liste der *Installed Inports* löschen. Durch Klick auf *OK* werden Ihre Eintragungen wirksam.

Wenn Sie als *Inport* den Treiber eines MIDI-Interfaces oder einer Soundkarte auswählen, können Sie den Soundforum-Synthesizer über den betreffenden MIDI-Eingang mit einem externen MIDI-Keyboard steuern.

❖ Instrument: Hier finden Sie die gleichen Funktionen wie in der Toolbar. Weitere Informationen zur Toolbar finden Sie im folgenden Abschnitt.

❖ Help: Dieser Eintrag öffnet das HTML-Hilfedokument in Ihrem Standard-Internet-Browser.

❖ About: Dieser Menüpunkt ruft das Infofenster für den Soundforum-Synthesizer auf. Im unteren Teil erhalten Sie Informationen zur Softwareversion.

Nach Anklicken der Schaltflächen *Soundforum on the Web* bzw. *Visit the NI Website* öffnet sich Ihr Internet-Browser, und Sie gelangen direkt auf die entsprechenden Internetseiten.

Die Toolbar

Die Toolbar des Soundforum-Synthesizers.

Mit dem Hauptschalter ganz links schalten Sie die Audioverarbeitung ein und aus, genau wie mit *System > Run/Stop Audio*. Damit kann die Prozessorlast reduziert werden, wenn gerade keine Klänge erzeugt werden. Das Unterbrechen und Neustarten des Audioprozesses bewirkt darüber hinaus eine Initialisierung (Reset) aller Audiovorgänge.

Die *Audio-Lastanzeige* zeigt die durch die Klangberechnung verbrauchte CPU-Zeit in Prozent. Eine Überlastung des Rechners wird durch die Anzeige *Over* indiziert. Die Grenze für einen störungsfreien Betrieb liegt im Allgemeinen zwischen 60 % und 80 %, also in jedem Fall deutlich unter 100 %. Der Grund dafür ist, dass auch die Übertragung der Audiodaten zur Soundkarte, die MIDI-Verarbeitung, die Grafikdarstellung, etwaige gleichzeitig mit dem Soundforum-Synthesizer auf dem Rechner laufende Programme (z. B. Sequenzer) sowie das Betriebssystem CPU-Zeit beanspruchen. Die exakte Grenze für Ihren Computer ermitteln Sie, indem Sie die Stimmenzahl erhöhen, bis die Überlastwarnung (*Processor Overload*) erscheint.

Anmerkung: Die maximal erzeugbare Stimmenzahl ist abhängig von der CPU und steigt proportional mit der CPU-Taktrate.

Die *Out*-Anzeige dient zur Pegelanzeige am Audio-Ausgang. Wenn sie grau ist, ist kein Treiber als Audio-Ausgang geöffnet.

Die Schaltfläche *Show Hints* (Icon mit Pfeil und Fragezeichen) aktiviert die Schnellhilfen.

Unter *Info* lässt sich eine Beschreibung für den Soundforum-Synthesizer eingeben. Dieser Text wird als Hint (Schnellhilfe) angezeigt, wenn der Mauszeiger über einer leeren Fläche der Bedienoberfläche steht, sobald *Show Hints* aktiviert ist.

Die *Properties*-Schaltfläche öffnet die Properties für den Soundforum-Synthesizer. Näheres dazu finden Sie im Abschnitt ›Properties‹ ab Seite 35.

Die Schaltfläche *MIDI Learn* ermöglicht es, ein Steuerelement des Soundforum-Synthesizers einem MIDI-Controller zuzuweisen. Dazu wählen Sie das Steuerelement aus, aktivieren anschließend *MIDI Learn* und betätigen dann den MIDI-Controller, z. B. das Modulationsrad. In den Properties des Steuerelements können Sie diese Zuweisung wieder rückgängig machen, indem Sie dort *Remote* deaktivieren.

MIDI Activity zeigt den Empfang von MIDI-Events an. Das Einstellfeld neben der *MIDI-Activity*-Anzeige ermöglicht die Wahl des MIDI-Kanals. Der MIDI-Kanal lässt sich auch in den Properties des Instrumentes einstellen.

Über *Store, Delete* und *Rename Snapshot* (Photoapparat-Symbol) erreichen Sie das Menü zur Verwaltung der Snapshots. Eine detaillierte Beschreibung dieses Menüs finden Sie im Abschnitt ›Die Menüs‹ ab Seite 28.

Die *Compare*-Schaltfläche dient zum Vergleich von zwei Parameter-Einstellungen. Dabei wird die aktuelle Einstellung mit der aus dem *Compare*-Buffer verglichen. Wenn man die *Compare*-Schaltfläche drückt, wird die aktuelle Einstellung im *Compare*-Buffer zwischengespeichert und die Einstellung aus dem *Compare*-Buffer angezeigt. Man kann nun einen der beiden Zustände als Grundlage für weitere Veränderungen nehmen. Wenn man anfängt, weiter zu editieren, wird zuerst der aktuellen Zustand im *Compare*-Buffer gespeichert. Man vergleicht also mit der *Compare*-Schaltfläche nicht unbedingt den aktuellen Zustand mit einem Snapshot (wie in vielen anderen Geräten oder Programmen), sondern kann sich beim Sounddesign immer näher an einen Idealzustand herantasten, indem man mit einem vorher festgehaltenen Zustand vergleicht. Nach Betätigung der *Compare*-Schaltfläche muss man sich also immer für eine der beiden Varianten entscheiden, die dann im *Compare* -Buffer gespeichert wird und Ausgangspunkt für weitere Änderungen ist.

Wenn man einen Snapshot aufruft, wird vorher der editierte Zustand im *Compare*-Buffer gespeichert. So kann man auch bequem mit einem beliebigen Snapshot vergleichen. Wenn man aus Versehen einen Snapshot aufruft, während man Parameter editiert, sind übrigens nicht gleich alle Einstellungen verloren: Mit *Compare* kann man den editierten Zustand einfach wieder herstellen.

Das mit *VCS* beschriftete Einstellfeld für die Stimmenzahl zeigt die Zahl der maximal möglichen Stimmen des Soundforum-Synthesizers und gestattet ihre Einstellung. Die Stimmenzahl kann auch in den Instrument-Properties eingestellt werden.

Das mit *UNISON* beschriftete Einstellfeld legt die (maximale) Zahl der Unisono-Stimmen pro Note fest. Der Unisono-Effekt entsteht, wenn Sie hier eine Zahl größer als 1 einstellen. Die Unisono-Stimmen werden um den mit *Unison-Spread* in den Instrument-Properties festgelegten Wert gegeneinander verstimmt. Die beim Anschlagen mehrerer Noten mindestens zugewiesenen Unisono-Stimmen pro Note (*Min Unison Voices*) können Sie dort ebenfalls einstellen.

Die Benutzeroberfläche des Soundforum-Synthesizers

Die Benutzeroberfläche des Soundforum-Synthesizer folgt weitgehend den Konventionen des Betriebssystems. Somit sollten Sie sich schnell in der Software zurechtfinden, wenn Sie bereits mit Mac OS bzw. Windows gearbeitet haben. Trotzdem möchte ich Sie hier auf einige Besonderheiten hinweisen und die eine oder andere Eigenschaft erläutern, die Ihnen vielleicht neu ist.

Maustechniken

Grundsätzlich gilt: Wenn von der Maustaste gesprochen wird, ist unter Windows immer die linke Maustaste gemeint. Praktisch alle Funktionen der Software können mit Hilfe der Maus ausgeführt werden. Die wichtigsten Operationen, die Sie bei der Arbeit mit dem Soundforum-Synthesizer ausführen werden, sind im Folgenden beschrieben.

Ein Doppelklick mit der Maustaste auf ein Objekt (dazu gehören auch die Flächen von Fenstern) löst je nach Objekt verschiedene Aktionen aus. Welche genau dies jeweils sind, kann man dem Kontext-Menü des betreffenden Objektes entnehmen: Die dort fett gedruckten Einträge weisen auf per Doppelklick ausführbare Aktionen hin.

Ein Klick mit der rechten Maustaste (Windows) bzw. ctrl + Maustaste (Mac OS) auf die Benutzeroberfläche oder auf ein Bedienelement öffnet stets ein so genanntes ›Kontext-Menü‹. Kontext-Menüs kommt bei der Bedienung der Software eine wichtige Bedeutung zu, weshalb sie im anschließenden Abschnitt ausführlicher erläutert werden.

Kontext-Menüs

Kontext-Menüs sind Listen von Befehlen, die immer an der Stelle auftauchen, wo sie am sinnvollsten sind. Wenn Sie also ein Objekt bearbeiten wollen oder Informationen über das Objekt benötigen, klicken Sie es mit der rechten Maustaste (Windows) bzw. ctrl + Maustaste (Mac OS) an. Es öffnet sich ein Menü, dessen Einträge sich ausschließlich auf das angewählte Objekt beziehen. Durch einfachen Klick mit der Maustaste aktivieren Sie den gewünschten Menü-Eintrag. Das Menü verschwindet daraufhin, und die gewählte Funktion wird ausgeführt.

Das Kontext-Menü des Instruments (Klick auf eine leere Stelle der Benutzeroberfläche) enthält vier Einträge:

- *Mute* schaltet das Instrument stumm.
- *MIDI Learn* ermöglicht es, einem Bedienelement einen MIDI-Controller zuzuweisen. Dazu wählen Sie das Bedienelement an, aktivieren *MIDI Learn* und betätigen anschließend den MIDI-Controller, z. B. das Modulationsrad. In den Properties können Sie diese Zuweisung wieder rückgängig machen, indem Sie dort *Remote* deselektieren.
- Unter *Info* können Sie eine Beschreibung des Instruments eingeben. Dieser Text wird als *Hint* (Schnellhilfe) angezeigt, wenn der Mauszeiger über einer leeren Fläche der Instrumenten-Oberfläche steht, falls *Hints* aktiviert ist.
- *Properties* öffnet ein Fenster mit diversen Informationen und Einstellmöglichkeiten für das Instrument. Detaillierte Informationen finden Sie im folgenden Abschnitt.

Properties

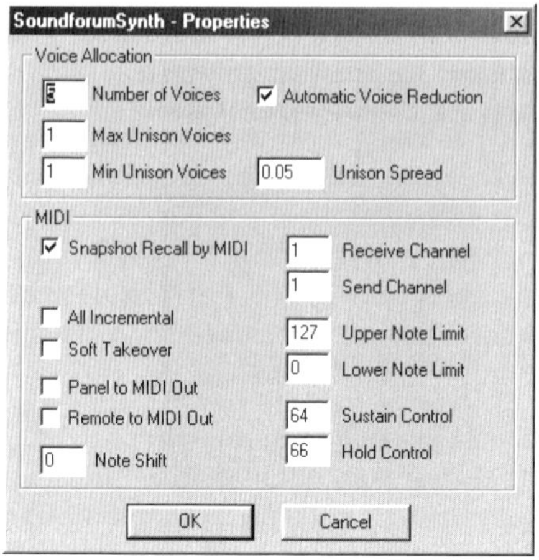

Das Properties-Fenster.

Der Soundforum-Synthesizer besitzt eine polyphone Stimmen-Verwaltung. Unter *Number of Voices* können Sie die Zahl von Stimmen einstellen, die das Instrument maximal gleichzeitig ausgeben soll.

Ist *Automatic Voice Reduction* aktiviert, kann der Soundforum-Synthesizer die Stimmenzahl automatisch reduzieren, wenn die Obergrenze für die Prozessorlast überschritten wird. Damit passt sich die Polyphonie automatisch an die verfügbare Rechenleistung an.

Der Unisono-Betrieb wird aktiviert, wenn Sie für *Max Unison Voices* einen Wert größer als 1 einstellen. Das heißt: Einer Note werden mehrere Stimmen zugeordnet, die zueinander leicht verstimmt werden können, um einen ›fetten‹, schwebungsreichen Klang zu erreichen. *Max Unison Voices* legt die Zahl von Stimmen fest, die einer neu angeschlagenen Note zugeordnet werden, wenn noch genügend Stimmen frei sind.

Mit *Min Unison Voices* bestimmen Sie die Zahl von Stimmen, die einer neu angeschlagenen Note zugeordnet werden, wenn nicht mehr genügend Stimmen frei sind. Sie kann nicht größer sein als *Max Unison Voices.*

Der Parameter *Unison Spread* bestimmt den Grad der Verstimmung zwischen den unisono erklingenden Stimmen in Halbtönen. Ein typischer Wert ist ›0.05‹ (5 Cent), womit jede der Stimmen, die denselben Ton spielt, um 5 Cent gegenüber der nächsten Stimme verstimmt ist.

Ist der Eintrag *Snapshot Recall by MIDI* aktiviert, bewirkt ein empfangener MIDI-Programmwechsel-Befehl das Laden des Snapshots mit der entsprechenden Nummer, sofern in diesem Instrument ein solcher vorhanden ist. Auf diese Weise können Sie über Ihren MIDI-Controller (Masterkeyboard) schnell einen Snapshot im Soundforum-Synthesizer aufrufen, indem Sie einen MIDI-Programmwechsel-Befehl mit der entsprechenden Nummer auslösen.

Die Einträge *Receive Channel* und *Send Channel* bestimmen die MIDI-Kanäle des Soundforum-Synthesizer, und zwar getrennt nach MIDI-Eingang und MIDI-Ausgang. Das Instrument erhält also alle MIDI-Daten, welche auf dem unter *Receive Channel* angegebenen MIDI-Kanal gesendet werden, und sendet seinerseits auf dem unter *Send Channel* angegebenen Kanal. Dabei kann der andere Teil der MIDI-Kommunikation ein externes Gerät oder ein Software-Sequenzer sein.

Wenn der Eintrag *All Incremental* in den Instrument-Properties angeschaltet wird, wird dadurch in den Properties aller Steuerelemente, die im Instrument enthalten sind, *Incremental* aktiviert. Wenn der Eintrag in den Instrument-Properties ausgeschaltet wird, wird *Incremental* in allen zugehörigen Controls deaktiviert. Damit wird festgelegt, dass die Controls im inkrementellen Remote-Modus arbeiten, der notwendig ist, wenn Sie den Soundforum-Synthesizer über die MIDI-Control-Unit *4Control* von Native Instruments steuern wollen. Bei Verwendung der MIDI-Learn-Funktion wird der Incremental-Modus automatisch eingestellt.

Wenn der Eintrag *Soft Takeover* eingeschaltet ist, wird für alle Steuerelemente des Instruments *Soft Takeover* aktiviert. Wenn der Eintrag im Instrument-Properties ausgeschaltet ist, wird *Soft Takeover* in allen Steuerelementen deaktiviert. Mit dieser Funktion werden Sprünge bei der Steuerung über externe Controller verhindert.

Wenn der Eintrag *Panel to MIDI Out* in den Instrument-Properties eingeschaltet ist, wird für alle Steuerelemente *Panel to MIDI Out* aktiviert. Wenn der Eintrag in den Instrument-Properties ausgeschaltet ist, wird *Panel to MIDI Out* deaktiviert. Damit wird gesteuert, ob alle Bewegungen der Steuerelemente und die Snapshot-Wechsel als MIDI-Daten ausgegeben werden.

Wenn der Eintrag *Remote to MIDI Out* in den Instrument-Properties angeschaltet ist, wird für alle Steuerelemente *Remote to MIDI Out* aktiviert. Wenn der Eintrag in den Instrument-Properties ausgeschaltet wird, ist *Remote to MIDI Out* deaktiviert. Damit wird gesteuert, ob MIDI-Daten ausgegeben werden, wenn die Steuerelemente über MIDI ferngesteuert werden.

Unter *Upper Note Limit* und *Lower Note Limit* können Sie eine Obergrenze (Upper) und eine Untergrenze (Lower) für MIDI-Notennummern eingeben, die das Instrument verarbeiten soll. Notennummern außerhalb des dadurch definierten Bereichs werden ignoriert.

Note Shift gestattet die Eingabe einer Anzahl von Halbtonschritten, um die eintreffende MIDI-Noteninformationen transponiert werden sollen. Möchten Sie beispielsweise das gesamte Instrument eine Oktave nach unten transponieren, müssen Sie hier den Wert –12 eingeben.

Mit *Sustain Control* wählen Sie die Nummer des MIDI-Controllers aus, der als Sustain-Schalter interpretiert werden soll. Der MIDI-Standard sieht hierfür den Controller Nr. 64 vor. Solange Sustain an ist (Controller-Wert größer als 64), klingt jede angeschlagene Note auch bei Loslassen der Taste weiter.

Mit *Hold Control* wird die Nummer des MIDI-Controllers (Fußpedal) ausgewählt, der als Hold-Schalter (oft auch ›Sostenuto‹ genannt) wirkt. Der MIDI-Standard sieht hierfür den Controller Nr. 66 vor. Alle Noten, die beim Einschalten von Hold (Controller-Wert 64 oder größer) klingen, werden auch nach Loslassen der Taste gehalten, auf später angeschlagene Noten hat Hold keinen Einfluss.

Snapshots

Snapshots sind die Klangprogramme für den Soundforum-Synthesizer, entsprechen also den ›Programs‹ oder ›Patches‹ anderer programmierbarer Synthesizer. Ein Snapshot speichert die momentane Einstellung aller Steuerelemente des Instruments. Durch Aufruf eines Snapshots werden die Einstellungen dann wieder auf den gespeicherten Zustand gesetzt. Der Soundforum-Synthesizer kann bis zu 128 Snapshots verwalten.

Das Laden von Snapshots erfolgt über die Auswahlliste in der Toolbar. Durch einen Klick mit der linken Maustaste auf die Schaltfläche ›?‹ öffnen Sie die Liste der gespeicherten Snapshots, wählen dort den gewünschten Snapshot aus und laden ihn durch Anklicken.

Snapshots können auch durch empfangene MIDI-Programmwechsel-Befehle geladen werden. Zu diesem Zweck aktivieren Sie im Properties-Dialog des Instruments *Snapshot Recall by MIDI*. Die dem Namen des Snapshots vorangestellte Nummer ist gleichzeitig auch die MIDI-Programmwechsel-Nummer.

Zum Speichern eines Snapshots klicken Sie mit der linken Maustaste auf die *Store*-Schaltfläche (Photoapparat-Symbol) in der Toolbar. Es öffnet sich das Snapshots-Dialogfenster.

Unter *No* weisen Sie dem Snapshot eine Speicherplatz- und MIDI-Programmwechsel-Nummer zu, unter *Label* geben Sie dem Snapshot einen Namen. Ein Klick auf *Store* speichert dann den Snapshot.

Weiterhin haben Sie die Möglichkeit, den in der *Select*-Liste angewählten Snapshot mit der aktuellen Einstellung zu überschreiben. Dazu klicken Sie einfach auf die *Overwrite*-Taste in der Select-Box. Der Snapshot wird nun mit den neuen Einstellungen, aber unter seinem alten Namen und auf dem alten Speicherplatz abgelegt.

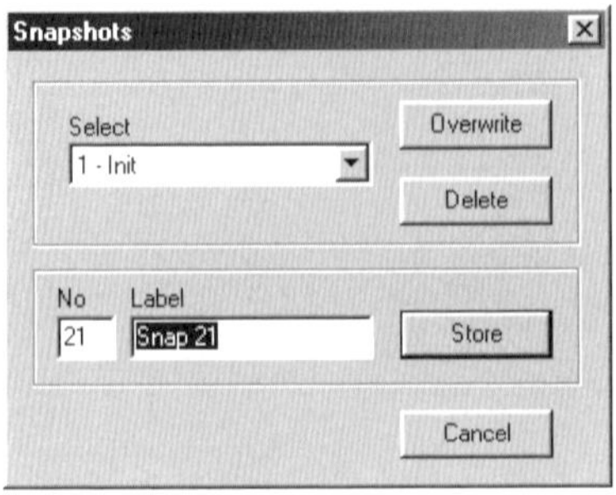

Das Dialogfenster zum Speichern, Löschen, Umbenennen und Kopieren von Snapshots.

Zum Löschen eines Snapshots klicken Sie mit der linken Maustaste auf die *Store*-Schaltfläche (Photoapparat-Symbol) in der Toolbar. Es öffnet sich das Snapshots-Dialogfenster.

In der Select-Liste wählen Sie nun den zu löschenden Snapshot aus. Ein Klick auf *Delete* löscht den ausgewählten Snapshot.

Zum Kopieren oder Umbenennen eines Snapshots laden Sie diesen zunächst über die Auswahlliste und klicken dann mit der Maustaste auf die *Store*-Schaltfläche (Photoapparat-Symbol) in der Toolbar. Es öffnet sich das Snapshots-Dialogfenster.

Zum Umbenennen weisen Sie dem Snapshot nun unter *No* seinen alten Speicherplatz zu, geben ihm aber unter *Label* vor dem Speichern einen neuen Namen.

Zum Kopieren weisen Sie dem geladenen Snapshot unter *No* einen neuen Speicherplatz zu und speichern ihn dort unter seinem alten oder einem neuen Namen.

3

Hören, sehen, machen, staunen

In diesem Kapitel absolvieren Sie erst einmal einen Trimm-Dich-Pfad für Soundprogrammierer.

Und dazu habe ich für Sie drei Nachrichten.

- Eine gute zuerst: Sie werden Dinge tun, die Sie sich definitiv nicht zugetraut hätten.
- Eine schlechte danach: Womöglich werden Sie von dem, was Sie da tun, nichts verstehen.
- Und eine gute zum Schluss: All das und weit mehr werden Sie im Soundforum lernen.

Zwei Klappen möchte ich mit dieser Fliege schlagen: Die Versierteren unter uns können mal praktisch erkunden, wie sich der Soundforum-Synthesizer anfühlt.

Die Grundlagen-Erklärungen sind für all diejenigen gedacht, die ganz neu auf dem Gebiet der Soundprogrammierung sind. Und da die Starken den Schwachen nicht nur im Märchen helfen sollen, werden wir uns nicht scheuen, auch die einfachsten Zusammenhänge zu streifen.

Theorie werden wir dabei tunlichst vermeiden, denn auch in der Fahrschule hilft sie einem ja nicht bei der Antwort auf die Frage, wie man das Autofahren mit Spaß und technischer Finesse betreibt. Das ist hier nicht anders.

Synth starten

Bevor es an Finesse und Spaß geht, brauchen Sie zunächst einmal den Soundforum-Synthesizer. Sie finden ihn auf der beiliegenden CD-ROM. Ein Installationsprogramm (*Soundforum Synth Setup.exe* für Windows, *Soundforum Synth Installer* für Mac) leitet Sie durch den sehr einfachen Installationsprozess.

Will nicht, das Ding!

Sollten – was immer vorkommen kann – Probleme mit dem Synthesizer auftreten, hilft Ihnen der NI-Support direkt unter der Mail-Adresse *support@native-instruments.de*.

Meiner Erfahrung nach – der Soundforum-Synthesizer ist in den letzten Jahren auf Zehntausenden von Rechnern installiert worden und praktisch immer fehlerfrei gelaufen – hängen Probleme in der Regel mit der PC-Konfiguration zusammen, und nur der NI-Support ist diesbezüglich mit allen Wassern gewaschen.

Los geht's

In der Toolbar finden Sie das Aufklappmenü für die Snapshots. Snapshots sind, wie der Name schwerlich verbirgt, Momentaufnahmen des Synthesizers. Hier eine Kurzanleitung:

- ❖ Snapshot anlegen: Knöpfe und Schalter einstellen, Kamera rechts neben dem Menü klicken – Speicherplatz wählen – fertig.

❖ Snapshot aufrufen: Snapshot im Menü auswählen.

Sie sehen, dass ich bereits 20 einfache, grundlegende Snapshots vorbereitet habe, die quasi die ›Übungsgeräte‹ unseres kleinen Trimm-Dich-Pfades sein sollen.

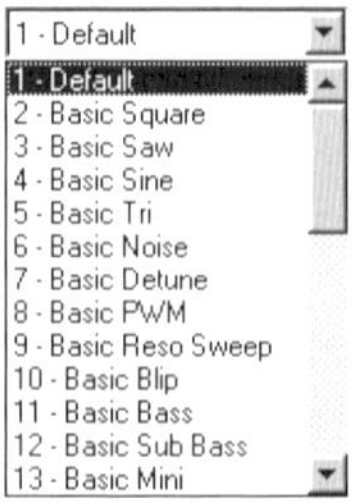

Das Snapshots-Menü.

Wie funktioniert simple Synthese?

Ein Hauch von Bildung, Physik und Geschichte durchweht den Raum: Zahllose verquaste Abhandlungen im reinsten Einwohnermeldeamtsdeutsch sind zu dieser Frage verfasst worden.

Dabei ist ›simple Synthese‹ – auch gern als ›subtraktive Synthese‹ und in ihrer in Elektronikschaltungen realisierten Form als ›analoge Synthese‹ bezeichnet – nur ein kleines bisschen komplizierter als Schuhe anziehen.

Das Ganze funktioniert nämlich im einfachsten Fall so:

Der Oszillator (heißt nichts als ›Schwinger‹) erzeugt eine rohe, unschöne Wellenform auf der Tonhöhe, die der gedrückten Taste entspricht: Taste drücken: Ton da, Taste loslassen: Ton weg.

◆ Laden Sie Snapshot 3 ›Basic Saw‹, und testen Sie!

In diesem Fall ist es eine Sägezahnwelle, was das Oszilloskop optisch illustriert. Der technisch klingende Ausdruck kommt wirklich nur von der Form der Schwingung, hat also keine tiefere Bedeutung.

Weiter im Signalweg: Die Schwingung aus dem Oszillator wird in ein Filter geleitet, denn nicht alle Klänge dieser Welt sollen nach Säge klingen.

- Drehen Sie den Cutoff-Regler des Filters zu, und Sie haben dessen grundlegendes Funktionsprinzip gehört und damit auch verstanden.

Nun will nicht nur die Klangfarbe, sondern auch die Lautstärke variiert sein. Der Sound soll also beispielsweise einschwingen wie eine Fläche oder ausklingen wie ein Klavier.

Und hier kommt das wirklich einzige mögliche Verständnisproblem – im Gegensatz zu Oszillator und Filter ist der dritte Baustein im Signalweg, der Amplifier (Verstärker), nicht direkt sichtbar.

So auch im Soundforum-Synthesizer. Dafür ist aber der Steuerbaustein sichtbar: Die Hüllkurve – ein ebenfalls furchtbar einschüchternder Begriff. Dabei ist diese Hüllkurve nichts anderes als ein zeitlicher Verlauf, dessen Länge und Form regelbar sind.

- Stellen Sie in der Sektion ›Amp Env‹ folgende Werte ein:
  A: 32, D: 12, S: 0.4, R: 52.

Was die Grafik Ihnen von links nach rechts zeigt, vollführt der Sound im Zeitverlauf.

Die drei Bausteine Oszillator, Filter, Amplifier sind die einzigen, die das Signal in einem einfachen Synthesizer durchläuft.

Die anderen Bausteine dienen nur dazu, diese drei Bausteine einzustellen, zu steuern und zu automatisieren, damit sie mehr Variationen und komplexere Klangverläufe hervorzaubern.

Einer dieser Steuerbausteine ist der LFO. LFO heißt nichts anderes als ›Low Frequency Oscillator‹. Der LFO erzeugt sehr langsame Schwingungen, die aber nicht ins Signal kommen, sondern quasi als automatische Reglerbewegungen die Tonhöhe, die Klangfarbe (Cutoff; Sie haben schon an diesem Regler gedreht) oder die Lautstärke steuern.

- Drehen Sie in der LFO-Sektion den Regler ›Amount‹ auf. Spielen Sie jetzt am ›Rate‹-Regler.

Selbsterklärend – oder? Nun ja, vielleicht könnte man hinzufügen, dass der gelbe Schalter ›Osc P 1‹ dafür sorgt, dass der LFO auf die Tonhöhe (Pitch) des ersten Oszillator wirkt. Wie das klingt, bedarf wohl keiner Erläuterung.

Wenn Sie den Prozess bis hierhin verstanden haben, haben Sie gleichzeitig die simple Synthese prinzipiell durchschaut. Von hier an geht es nur noch um Feinheiten.

Vom Warnton zum Pad

Nun kann ich ja leicht reden, wie einfach das alles ist, aber ich will es Ihnen auch zeigen.

1 Rufen Sie den Snapshot ›2 Basic Square‹ auf.

Klingt wie ein abgestürzter Flipperautomat, nicht wahr? Ein Pad dagegen – also ein Flächensound – soll warm, fett, komplex und weich sein. Nur ein paar Regler- und Schaltermanipulationen trennen uns davon.

2 Stellen Sie ›Symm‹ in Oscillator 1 auf 0.45.

Damit zentrieren wir den Regler. Gleich automatisieren wir ihn mit dem LFO.

3 Schalten Sie ›Symm‹ im LFO für beide Oszillatoren ein und ›P‹ dafür aus.

Es passiert noch nichts.

4 Drehen Sie ›Amount‹ im LFO auf 0.6.

Zack, quirlt der Sound los!

5 Drehen Sie im Mixer den Regler ›Osc 2‹ auf 0.7, stellen Sie ›Puls-Sym‹ in Oscillator 2 auf 0.55 und ›Detune‹ auf 0.09.

Damit haben wir den Fettanteil um etwa 50 % erhöht.

6 Drehen Sie jetzt ›Cutoff‹ im Filter auf 85 und ›Resonance‹ auf 0.2.

Nun wird es langsam warm.

7 Stellen Sie im ›Amp Env‹-Bereich ›A(ttack)‹ und ›R(elease)‹ auf 50.

Fertig – vom Flipper zur filmreifen Fläche in sechs Schritten. Sie sehen: Was man da tun muss, um zu einem gesteckten Ziel zu gelangen, ist nicht schwierig. Hier unterscheidet sich die simple Synthese ganz deutlich von komplexeren Syntheseverfahren wie Frequenzmodulation (FM) oder Additiver Synthese.

Allen Syntheseverfahren gemeinsam ist jedoch, dass das Wissen darüber, welche Schritte zum Ziel führen, erst vorhanden sein muss.

Der Vollständigkeit halber: Das fertige Pad finden Sie natürlich nirgendwo, denn für einen Schnellkurs ›Presets anwählen‹ sind wir uns ja sicher alle zu schade. Sie können das Pad aber gern mal eben als Snapshot abspeichern:

8 Kamerasymbol klicken, unter ›No‹ eine ›21‹ eintippen, unter Name ›Meine erste Fläche‹ oder Ähnliches eingeben und ›Store‹ klicken.

Klangfarben-Malkasten

Die Snapshots 2 bis 8 sind ein paar einfache Grundklangfarben, ungefiltert und mit ›Orgelhüllkurve‹ – sprich: ›ein‹ bei Tastendruck und ›aus‹ bei Loslassen.

Probieren Sie die Snapshots nacheinander kurz aus. Alle werden ausschließlich durch Einstellungen von Oscillator 1 erzeugt, lediglich ›Basic Detune‹ zeigt die Schwebung, die durch Kombination zweier Oszillatoren entsteht.

Um aus diesen Grundklangfarben fertige Klänge zu machen, müssen wir immer nur die Schritte ausführen, die in der folgenden Strickmuster-Tabelle aufgelistet sind. Nach diesem Strickmuster machen wir jetzt einfach mal aus jedem Rohklotz einen netten kleinen, fertigen Sound.

#	*Was*	*Wo*
1.	Rohklangfarbe variieren	Oscillator 1 Mixer
2.	Schwebungen, Oszillator-Modulationen einfügen	Oscillator 2 Mixer LFO Filt-Env→Osc
3.	Filtercharakteristik vorprogrammieren	Filter
4.	Filterverlauf programmieren	Filter Env
5.	Lautstärkeverlauf programmieren	Amp Env

Die Strickmuster-Tabelle.

Natürlich läuft es in der Praxis nicht immer nach diesem Strickmuster ab. Trotzdem ist es anfangs ein gutes Gerüst, das Sie später ohnehin an Ihre eigene Arbeitsweise anpassen werden.

Im folgenden Experiment halten wir uns, wie bei einigen weiteren, erst einmal strikt an die Strickmuster-Tabelle und basteln aus einem Roh-Snapshot einen brauchbaren Klang.

Transistor Bass

Vorbild für den Sound, den wir jetzt programmieren werden, ist die legendäre Bass-Synthesizer/Sequenzer-Kombination TB-303 – ein simpleres Synthesizer-Modell gibt es nur noch in klingenden Grußkarten.

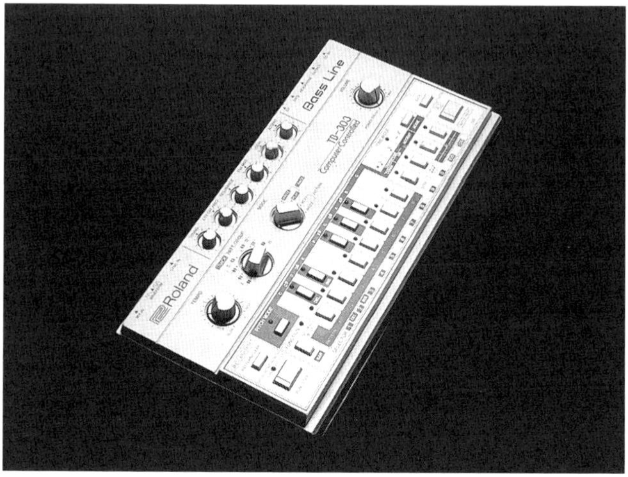

Die legendäre Roland TB-303.

1. Schritt 1: Wählen Sie Snapshot ›2 Basic Square‹ oder ›3 Basic Saw‹. Setzen Sie ›Interval‹ in Oscillator 1 auf –24, es soll ja ein Bass werden.
2. Schritt 2 entfällt, da nur ein Oszillator gefragt ist.
3. Schritt 3: Setzen Sie das Filter auf ›LP2‹, damit es nicht ganz so steil arbeitet. ›Cutoff‹ wird auf 80 gesetzt, ›Resonance‹ auf 0.94.
4. Schritt 4: Jetzt lassen wir das Filter peitschen. Die Filter-Hüllkurve (Filter Env) stellen Sie so ein: A: 17, D: 38, S: 0, R: 39.
5. Zu guter Letzt drehen Sie bei der Lautstärke-Hüllkurve (Amp Env) noch ›R‹ (für Release = Nachklingzeit) auf 40.

Schmatzt doch schon recht nett, oder? Eine Verzerrung – nicht ganz im Sinne des Erfinders, aber gern genommen bei Techno, Electro, Acid und Konsorten – kann der Soundforum-Synthesizer auch:

6. Setzen Sie im Master den Level-Regler auf 0.
7. Wenn Sie sich für die hübsche Animation interessieren, die das Filter der Wellenform antut, dann drehen Sie in der Filter-Envelope den Decay-Regler ganz auf, halten Sie eine Note und beobachten Sie das Scope.

Wenn Sie was fürs Leben mitnehmen wollen, dann vielleicht schon mal diese einfache Weisheit: Je mehr Obertöne das Filter wegsägt, desto weniger eckig ist die resultierende Wellenform.

Knobelfreunde räsonieren an dieser Stelle schon mal darüber, was diese Aussage mit Sägezahn und Sinus zu tun hat. Der Rest kommt gleich von mir.

Filterlos filtern

Eine Besonderheit des Soundforum-Synthesizers, die Sie mit ziemlicher Sicherheit in Ihrem Hardware-Park nicht finden werden, ist die Möglichkeit, durch Ändern der Wellen-Symmetrie ein stufenloses Universum von Wellenformen einzustellen. Wir benutzen das hier erst einmal nur zu Anschauungs- beziehungsweise Anhörungs-Zwecken, um den Merksatz oben zu untermauern:

1 Wählen Sie Snapshot ›4 Basic Sine‹.

Ein Sinus ist eine obertonlose Wellenform. Ich denke, das Hörergebnis ist selbsterklärend.

2 Halten Sie eine Note, drehen Sie den ›Symm‹-Regler in Oscillator 1 langsam auf, und beobachten Sie gleichzeitig das Scope und die Klangänderung.

Je eckiger, desto obertonreicher der Klang, bis sich eine abgerundete Sägezahnwelle ergibt. Es ist klar zu erkennen: Wenn die Kanten in der Welle schärfer werden, wird auch der Klang schärfer.

Der ›Symm‹-Regler lässt sich automatisieren, und zwar über die Filter-Hüllkurve. Dazu ist die etwas kryptisch bezeichnete Sektion ›Filter-Env→Osc‹ da.

3 Stellen Sie den ›Symm‹-Regler auf 0.4 ein.

4 Auch die Filter-Hüllkurve (Filter Envelope) bekommt eine Voreinstellung: A: 30, D: 50, S: 0.5 – R spielt hier keine Rolle.

Jetzt kommt die Automation:

5 Drehen Sie in der Sektion ›Filt-Env→Osc‹ den ›Amount‹-Regler auf 1, und schalten Sie den oberen ›Sym‹-Schalter ein.

Klingt wie die Sesamstraßen-Trompete, oder?

4

Synthese-Tricks nur für Experten

Nach dem Aufwärmen im letzten Kapitel kommen wir nun zu Synthese-Tricks, die ausschließlich Experten nachvollziehen können. Experten wie wir, natürlich ...

Denn die kryptischen und Ehrfurcht erregenden Begriffe, denen wir im Rahmen dieses Themas begegnen werden, stellen sich am Ende als ganz harmlos heraus, versprochen. Nach dem ersten Abschnitt dieses Kapitels werden Sie mit Begriffen wie LFO, PWM und Filter-Envelope nur so um sich werfen. Heilig gesprochen werden Sie spätestens nach den darauf folgenden beiden Abschnitten, in denen noch bösere Wörter drankommen.

Snapshots

In diesem Kapitel werden wir nach guter alter Chemieraum-Art ein paar Versuche durchführen.

Einen Unterschied zur guten alten Schulzeit gibt es jedoch: Das Ziel ist hier nicht die Explosion des Chemielehrers, sondern wir wollen etwas lernen und auch ein bisschen herumspielen.

Fertige Versuchsaufbauten gibt es in Form von Snapshots.

Dabei werden wir auch das Scope mal zu etwas Sinnvollem einsetzen – so etwas Gutes wird ihm leider nur sehr selten beschert, zumal in Synthesizer-Kursen.

Schwebungen

›Schwebung‹ nennt man es unter anderem, wenn zwei leicht gegeneinander verstimmte Oszillatoren miteinander gemischt werden. Der Sound wird fetter und animierter. Die richtige Schwebung zu finden ist für das Sounddesign so wichtig wie das Runterschlucken fürs Essen. Los geht's:

1 Rufen Sie aus dem Einblendmenü in der Toolbar des Soundforum-Synthesizers den Snapshot ›7 Basic Detune‹ auf.

2 Setzen Sie bei beiden Oszillatoren die Wellenform auf ›Puls‹, und drehen Sie bei beiden Oszillatoren den ›Symm‹-Regler auf 0.

3 Drehen Sie den Mixer-Regler für Osc2 auf 0.

Wenn Sie jetzt einen Ton mittlerer Lage spielen, hören Sie eine reine Rechteckwelle, die uns in diesem Fall sehr schön als Anschauungsobjekt dient. Wenn Sie das Scope entsprechend einstellen, sehen Sie die Welle auch:

- Stellen Sie den ›Time‹-Regler des Scopes so ein, dass Sie nur ein bis zwei Wellenberge sehen können. Stellen Sie den ›Level‹-Regler so ein, dass Breite und Höhe der Schwingung ungefähr gleich groß wirken.

Nun schauen wir mal, was passiert, wenn wir eine zweite Schwingung hinzudrehen:

4 Drehen Sie den ›Mix‹-Regler von Oscillator 2 langsam auf, und beobachten Sie das Scope.

Sie sehen, dass die Schwingung nun in Bewegung kommt – als liefe eine zweite über die erste. Gleichzeitig hören Sie, dass der Ton nicht mehr statisch klingt, sondern ebenfalls leicht ›akustisch animiert‹ wird.

5 Drehen Sie den ›Detune‹-Regler in Oscillator 2 langsam nach rechts bis auf maximal 0.36.

Sie sehen, dass die Animation von Klang und Bild nun schneller wird. Diesen Effekt nennt man Schwebung, und das Scope zeigt sehr schön, was man hört: Da Oscillator 2 immer ein wenig höher gestimmt ist (also schneller) als Oscillator 1, treffen sich die beiden ab und zu auf Maximalpegel, dann überholt Oscillator 2 wieder, dann treffen sie sich auf Minimalpegel und so weiter. Je größer die Differenz der Stimmung, desto schneller ›überholt‹ Oscillator 2 den ersten.

Zwischentöne

Lassen wir's fürs Erste dabei und schauen uns einen weiteren Effekt dieser Addition von Schwingungen an:

1 Setzen Sie den ›Detune‹-Regler auf 0.

2 Drücken Sie eine Note, und drehen Sie den ›Mix‹-Regler von Osc 2 auf 1.

Jetzt brauchen Sie ein wenig Feingefühl:

3 Drehen Sie den ›Detune‹-Regler minimal nach rechts oder links, bis beide Schwingungen sich addieren – Sie sehen dann eine sehr ›große‹ Wellenform.

4 Drehen Sie nun den ›Intervall‹-Regler für Oscillator 2 auf 12, anschließend auf 24 und dann auf 36.

Beobachten Sie das Scope – es kommen ›Zähne‹ in die Wellenform – je höher das Intervall, desto mehr.

Die Erklärung ist ganz einfach: Ein Intervall von 12 Halbtönen (24, 36) heißt, dass Oscillator 2 doppelt (vierfach, achtfach) so schnell schwingt wie Oscillator 1, und genau das sehen Sie da gerade.

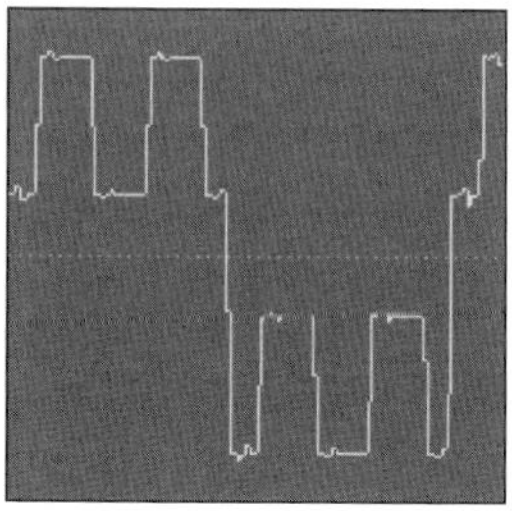

Die ›Zähne‹ im Rechteck entstehen durch Mischung mit einem zweifach oktavierten Oszillator.

- ❖ Drehen Sie Oscillator 2 mal ganz weg und langsam wieder bis 0.5, um die beiden Schwingungen optisch unterscheiden zu können.
- ❖ Drehen Sie jetzt den ›Detune‹-Regler mal zwischenzeitlich auf und anschließend wieder auf 0.

Sie werden sich jetzt erklären können, warum Schwebungen auch zwischen Oszillatoren entstehen, die ja ›eigentlich‹ eine Oktave auseinander sind, wo die paar Hundertstel Halbtöne (Cents) doch im Grunde nichts mehr ausmachen dürften.

Spaßeshalber können Sie auch mal die Wellenform von Oscillator 2 auf ›Saw‹ oder ›Sine‹ stellen. Spielen Sie ein bisschen mit dem Mix-Verhältnis von Osc 2, seiner Intervall-Einstellung und Wellenform herum. Ich denke, Sie werden dabei automatisch vieles begreifen, das Ihnen vorher unklar war – und mit Worten allein auch nicht erklärt werden kann.

Detuning oder – deutsch – Verstimmung ist aber nur *eine* Art, den Effekt von Schwebungen zu erzeugen. Nicht immer nämlich bieten Synthesizer zwei oder mehr Oszillatoren an. Dann heißt eine denkbare Alternative PWM.

PWM

Rufen Sie Snapshot 8 ›Basic PWM‹ auf. Spielen Sie eine Note mittlerer Lage, und beobachten Sie das Scope. Sie sehen, dass die Breite des Pulses (Oberkante der Wellenform) im Vergleich zur Pulspause (Unterkante) variiert.

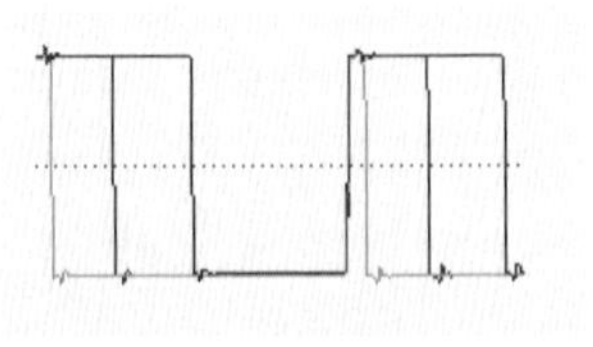

So variiert die Pulsbreite bei der PWM – zu sehen im Scope.

Das Ganze nennt sich ›Pulsbreiten-Modulation‹, in Englisch ›Pulse Width Modulation‹, abgekürzt: eben! Der Effekt kommt einer Schwebung recht nah, klingt aber etwas drastischer. Wie entsteht er?

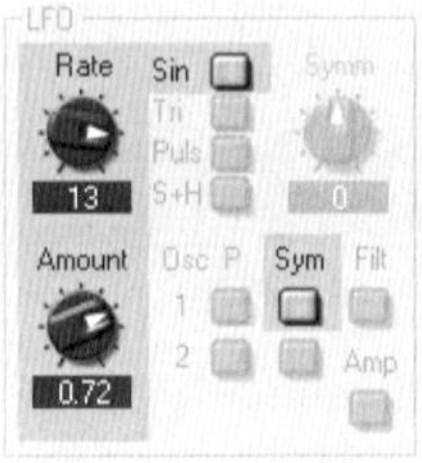

Die für PWM relevanten Parameter im LFO.

1 Deaktivieren Sie den gelb leuchtenden ›Sym‹-Button in der LFO-Sektion: Der Effekt ist weg.

2 Packen Sie sich den ›Puls-Sym‹-Regler in Oscillator 2, und drehen Sie ihn mit der Maus hin und her. Alles klar? Der LFO nimmt Ihnen diese Dreh-Arbeit ab. Aktivieren Sie ihn folglich wieder.

3 Variieren Sie jetzt die Rate des LFOs.

Sie werden feststellen, dass Sie an einen Punkt kommen, wo die Schwebung sogar verstimmt klingt, so etwa bei einer ›Rate‹ von 12 und einem ›Amount‹ von 0.8. Senkt man den Amount-Wert, verschwindet die Verstimmung wieder.

Auch werden Sie feststellen, dass die Verstimmung bei gleich bleibenden Einstellungen umso stärker wirkt, je tiefere Töne Sie spielen. Deshalb lässt der Sounddesigner von Welt, wenn er die Möglichkeit dazu hat, die LFO-Rate automatisch mit dem Keyboard mitlaufen. Wir merken uns das und machen erst einmal weiter.

4 Setzen Sie die LFO-Rate auf 0, und wählen Sie verschiedene Wellenformen nacheinander an.

Notieren Sie sich im Hinterkopf, dass die Wellenform des LFOs keinen direkten Einfluss auf die Wellenform des Audiosignals hat. Die Wellenform des LFOs ist nichts anderes als die Art und Weise der Knopfbewegung, die Sie zuvor manuell ausgeführt haben. Wenn Sie sich das am lebenden Beispiel klar machen, wird Ihnen das Verständnis leicht fallen.

Natürlich ist die Steuerung der PWM nicht auf den LFO beschränkt. (Sie sehen: Wir werfen hier schon ganz selbstverständlich mit solchen Begriffen um uns.)

Rufen Sie Snapshot 8 noch einmal zurück. Sie werden jetzt die PWM statt vom LFO vom Filterverlauf (Filter Env) kommen lassen:

1 Erst die Vorbereitungen: ›Symm-Regler‹ in Oscillator 1 auf 0.

2 Stellen Sie jetzt die Filter-Hüllkurve (Filt Env) wie folgt ein: A: 43, D: 54, S: 0. R ignorieren wir.

3 Klicken Sie den gelb leuchtenden ›Sym‹-Schalter im LFO aus.

4 Drehen Sie links unten im Modul ›Filt-Env→Osc‹ den ›Amount‹-Regler voll auf, und aktivieren Sie dort den ›Sym‹-Button für Osc 1 (obere Reihe).

Jetzt wird die Pulsbreite vom Hüllkurvenverlauf gesteuert. Ist der Hüllkurvenpegel auf 0 (also am Anfang und am Ende), hören Sie die Rechteckwelle. Ist er auf Maximum, hören Sie eine schmale Pulsbreite – ein eher näselnder Sound. Wenn Sie das langsamer nachvollziehen möchten, verlängern Sie einfach die Einschwingzeit (›A‹) und die Abklingzeit (›D‹) der Filter-Hüllkurve (Filter Env), und beobachten Sie das Scope.

Spielen Sie schließlich ein wenig mit den Hüllkurvenreglern herum, um mehr Gefühl für die Hüllkurve selbst und den Effekt der resultierenden Pulsbreiten-Hüllkurve zu bekommen.

Genug gelernt für heute: Kombinieren wir die beiden Techniken am Ende noch einmal in einen sehr universell von Klassik bis Techno verwendbaren Sound – dem guten alten Wurlitzer E-Piano. In den 70ern und 80ern besonders durch Hits wie ›Logical Song‹ (Supertramp), ›I'm not in love‹ (10CC) oder ›A girl like you‹ (Foreigner) auch in ländlichen Gebieten bekannt geworden, ist es heute ganz besonders bei der musikalischen Umrahmung röhrender Edellocken wie Shania Twain oder Anastacia im Einsatz: Wir programmieren die produktionsfertige Hardrock-Variante mit fettem Chorus.

Die richtige Kombination

Also: ran an die Knöpfe.

Schritt 1: Rohklangfarbe

Die Klangfarbe des Wurlitzer-Pianos ist dem Rechteck sehr ähnlich, wir starten also mit dem Square-Snapshot.

1 Rufen Sie Snapshot ›2 – Basic Square‹ auf.

2 Drehen Sie den ›Symm‹-Regler für Oscillator 1 auf 0.02, um den Rechteck-Charakter etwas dreckiger zu machen.

3 Der Vollständigkeit halber erledigen Sie das auch gleich für den ›Puls-Sym‹-Regler von Oszillator 2, obwohl dieser Oszillator noch gar nicht hörbar ist.

Schritt 2: Schwebungen, Oszillator-Modulationen

Schwebung first:

1 Drehen Sie den Mix-Regler für Osc 2 auf 0.9, senken Sie Oscillator 1 entsprechend auch auf 0.9 ab.

2 Erhöhen Sie Detune auf 0.04.

Als Nächstes imitieren wir den sägenden Klangcharakter, der durch die hart angeschlagenen Metallzungen entsteht und im Ausklingen verschwindet:

3 Aktivieren Sie links unten im Modul ›Filter-Env→Osc‹ die beiden ›Sym‹-Schalter (auf Gelb), und stellen Sie den Amount-Regler auf 0.24.

Sie hören den Klangfarbenverlauf. Der ist zwar noch zu schnell, aber das stört uns erst einmal nicht.

Schritt 3: Filtercharakteristik

Da der Sound für ein kleines, harmloses E-Piano viel zu obertonreich ist, stellen wir jetzt das Filter ein. Da die Hüllkurve das Filter später wieder öffnen wird, müssen wir also die dunkelste Klangfarbe einstellen, die möglich ist.

1 Setzen Sie Cutoff auf 83 und Resonance auf 0.15.

Die Resonanz benutzen wir hier – wie immer eigentlich – um das Filter etwas herauszuhobeln, sodass sein Verlauf deutlicher zu hören sein wird.

Schritt 4: Filterverlauf

Nun programmieren wir den Filterverlauf, der sich auf Grund unserer Aktivitäten in Schritt 2 auch auf die Rohklangfarbe auswirken wird.

1 Zunächst einmal muss die Sektion ›Filter Env‹ auch das Filter beeinflussen. Das regelt der ›Env‹-Regler in der Filtersektion, den wir deshalb auf 20 setzen. Wie Sie sicher schon festgestellt haben, wird dieser Parameter heimlich von der Anschlagdynamik mitgesteuert.

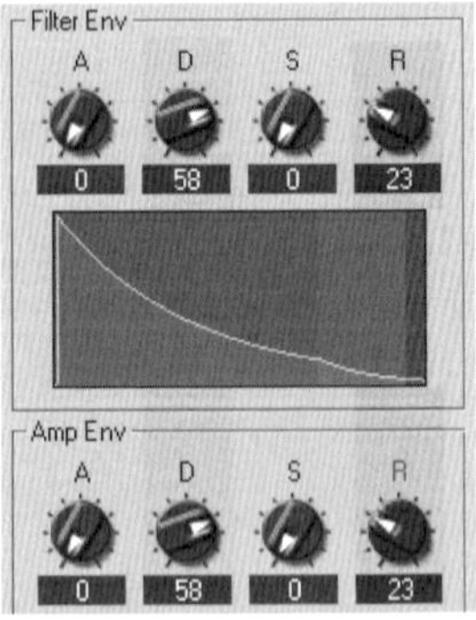

Filter- und Lautstärkeverlauf für ein E-Piano.

2 Mit ›A‹ = 0 in der Sektion ›Filter Env‹ sorgen wir dafür, dass das Piano nicht angestrichen oder angeblasen, sondern angeschlagen klingt.

3 Als Nächstes setzen Sie ›S‹ auf 0. ›S‹ steht für Sustain und entspricht dem Pegel, auf dem die Hüllkurve stehen bleibt, solange man die Taste hält. Da beim Piano nichts stehen bleibt, setzen wir den Wert also auf Null.

4 Entscheidender Parameter ist die Decay- oder Abklingzeit ›D‹. Diesen Wert setzen Sie auf 58, und schon wird die Klangfarbe in einer freundlichen Zeitkurve dunkler.

Schritt 5: Lautstärkeverlauf

Nun klingt das alles schon einigermaßen nach Piano, nur der Lautstärkeverlauf entspricht doch eher noch einer Orgel. Also, ran an die Amp-Envelope (Lautstärke-Hüllkurve):

- Stellen Sie diese genau so ein wie die Filter-Hüllkurve. Damit der Sound nicht gar so abgehackt endet, setzen Sie die Nachklingzeit (Release) in beiden Envelopes etwas höher, also ›R‹ = 23.

Und das war's. Natürlich könnte man eine Menge feintunen und machen und tun, aber darum geht es uns ja hier nicht – wir wollen schließlich keinen Schönheitswettbewerb gewinnen. Die Profis unter uns mögen zwar bei sich denken, dass der routinierte Sounddesigner eigentlich einen ganz anderen, eher fraktalen Weg einschlagen müsse. Da sagen wir aber nur: ›Gratulation, und viel Spaß am Jüngsten Tag im Spezial-Wartezimmer für Angeber‹.

Frequenzmodulation

In diesem und im nächsten Abschnitt werfen wir einen Blick jenseits des Horizonts von simpler Analogsynthese, und zwar auf die exotischeren Qualitäten vieler Analog-Synthesizer. Die Rede ist von Frequenzmodulation, Ringmodulation und Sync (genauer: Oszillator-Synchronisation).

Wieder mal Begriffe, die so verblasen klingen, dass man dahinter niemals etwas vermuten würde, was das Klangspektrum des Soundforum-Synthesizers extrem erweitert.

Der Frequenzmodulation habe ich diesen Abschnitt gewidmet, Ringmodulation und Sync sind im nächsten Abschnitt zusammengefasst. Danach haben wir dann ganz nebenbei jeden Parameter des Soundforum-Synthesizers einmal angefasst.

Das Wesen der Frequenzmodulation

Frequenzmodulation: Dieser super sexy Youth-Begriff war Mitte der Achtziger die Bezeichnung für eine neuartige Klangsynthese. Sie gelangte durch die Yamaha DX-Synthesizer zu Weltruhm und machte der ersten Analogsynthesizer-Ära so gründlich den Garaus, dass die Analogsynthese erst Anfang der 90er durch Techno und Konsorten wiederbelebt wurde.

In den Achtzigern wurde so ziemlich jede Stimme von Kalifornien bis Berlin praktisch ausschließlich von glockigen E-Pianos, metallischen Bässen und im Stereobild herumrasenden Marimba-Staccatos untermalt. Das klassisch glockige E-Piano des DX7 ist bei Tränendrüsenjägern wie etwa Vaseline Dion auch heute noch ein Standard-Instrument.

Nun ist der Soundgeschmack der Achtziger heute allenfalls noch als Retro-Bewegung populär, und außerdem reichen die FM-Fähigkeiten des Soundforum-Synthesizers nicht an die Komplexität der guten alten DXe und ihrer Nachfolger heran.

Sie sind eher als Ergänzung gedacht und als solche auch sehr wertvoll. Im Gegensatz zu simpler analoger Synthese ist bei der FM ein minimales technisches Grundverständnis absolut unverzichtbar, wenn Sie irgendwann etwas Gezieltes herausholen wollen. Für alle, denen FM ein Buch mit sieben Siegeln ist, deshalb hier ein Grundkurs mit viel Praxis.

So klingt einfache FM

Bemerkenswerterweise ist die gesamte FM-Funktionalität im Soundforum-Synthesizer eigentlich auf einen einzigen Regler in Oszillator beschränkt, und welchen Namen trägt der wohl? Genau!

- Wählen Sie Snapshot ›16 Basic FM‹, und spielen Sie ein paar Noten.

Der Soundforum-Synthesizer ist hier so programmiert, dass er ganz simple FM à la DX7 erzeugt. Das Ergebnis ist ein recht metallischer, glockiger Sound.

Wie kommt der zustande?

- Drehen Sie den Regler ›FM‹ in Oscillator 1 einmal auf Null zurück und dann unter ständigem Weiterspielen langsam hoch auf 4500.

Steht der Regler auf Null, ist eine schlichte Sinuswelle hör- und im Scope auch sichtbar. Mit dem Regler drehen Sie die Glocke stufenlos rein. Es muss also etwas mit diesem Regler zu tun haben. Was aber?

Vibrato ist FM ist Vibrato …

- Setzen Sie den FM-Regler auf 50 und drehen Sie den ›Interval‹-Regler von Oscillator 1 auf –60 zurück. Spielen Sie tiefe Noten unterhalb von C3.

Nanu? Sie hören plötzlich den Sinuston, aber mit Vibrato? Ich auch, und es hat auch seine Richtigkeit.

Jetzt aufmerken:

Frequenzmodulation bedeutet, dass die Amplitude eines Oszillators die Frequenz eines anderen steuert.

Oder im Soundforum-Synthesizer: Die Ausgangswellenform von Oscillator 1 wirkt wie ein ständig hin- und herbewegtes Pitch-Wheel auf die Tonhöhe von Oscillator 2 ein. Das Oszillator-Signal wird hier also nicht als Ton-, sondern als Steuerquelle benutzt.

… oder Triller

Ob ich recht habe oder nicht, sagt Ihnen gleich, ach lassen wir das:

- Schalten Sie die Wellenform von Oszillator 1 auf ›Puls‹ – drehen Sie zur Verdeutlichung vielleicht FM auf 100. Danach setzen Sie die Wellenform wieder auf ›Sin‹.

Das Vibrato verwandelt sich in einen Triller, denn die Pulswelle ist eckig. Plastischer kann man es eigentlich nicht vor sich haben, was FM ausmacht.

Wie aber kommen wir von da zu einem Glockenklang? Machen Sie mir jetzt einfach alles nach – keine Sorge, das bin ich auch von Profi-Soundprogrammern schon gewohnt – und achten Sie bei jedem Schritt genau drauf, ob Sie auch hören, was ich schreibe:

1 Drehen Sie FM voll auf.

Das Vibrato steigert sich zu einem Billig-Lasereffekt.

2 Steigern Sie den ›Interval‹-Wert von Oscillator 1 in Halbtonschritten, und spielen Sie jeweils ein paar Noten auf der Taste [G] der Computertastatur – das nur, damit wir eine gemeinsame Tonhöhenreferenz haben.

Ab einem Wert von 16 ist das Vibrato nicht mehr als Modulation der Sinusschwingung hörbar – man hört also Ton und Modulation nicht mehr getrennt – sondern Sie hören einen neuen Sound.

Der Grund: Genau wie wir ab einer bestimmten Anzahl von Bildern pro Sekunde statt einer Einzelabfolge eine kontinuierliche Bewegung sehen, so hören wir ab einer bestimmten ›Geschwindigkeit‹ die Modulation nicht mehr als Vibrato, sondern wir hören einen neuen Klang. Das ist genau dann der Fall, wenn die modulierende Schwingung – hier also Oszillator 1 – selbst im hörbaren Bereich liegt. Um das nachzuprüfen:

3 Setzen Sie im Mixer den ›Osc1‹-Regler auf 1 und den ›Osc2‹-Regler auf Null.

Sie hören es: Bei dem Wert, wo die Wahrnehmung der Frequenzmodulation vom Vibrato zum Klang wechselt, betritt der Oszillator den hörbaren Frequenzbereich.

Klangfarbe

Wie Kenner sicher schon bemerkt haben, sind in diesem Beispiel zwei Sinusschwingungen im Spiel, also zwei völlig obertonlose Stimmgabel-Töne. Der Charme der FM liegt eben darin, aus so etwas Einfachem sehr komplexe Spektren herauszubekommen.

Die Klangfarbe lässt sich durch zwei Eigenschaften steuern: Das Intervall der beiden Oszillatoren und den Pegel des Modulators. Das probieren wir gleich einmal aus:

1 Setzen Sie die ›Interval‹-Regler beider Oszillatoren auf 0. Den ›FM‹-Regler drehen Sie auf etwa 3500.

Das Resultat ist ein recht sägezahnartiger, aber etwas obertonärmerer Sound.

2 Probieren Sie die folgenden Einstellungen für das Oscillator-1-Intervall aus, und testen Sie, ob Sie die Klangfarben-Andeutungen nachvollziehen können:

1	E-Piano-Grundton
12	Rechteckwelle
17	Standuhr
19	Harfe
24	Schärferes Rechteck
30–40	Mallet (z. B. Vibraphon)
41–50	E-Piano-Attack

3 Probieren Sie anschließend verschiedenste Kombinationen der Intervall-Werte von Oscillator 1 und 2 aus; benutzen Sie auch die Detune-Funktion.

Mit dem Frequenzverhältnis – in der FM-Theorie heißt es ›Ratio‹ – bestimmen Sie die Verteilung der Obertöne oder Harmonischen. Vereinfacht kann man sagen:

Wenn zwischen Oszillator 1 und 2 ein musikalisches Intervall eingestellt ist (das Verhältnis also ganzzahlig ist), ergibt sich auch ein harmonischer Klang.

Der zweite Faktor, nämlich die Anzahl der Harmonischen und damit in der Regel die Schärfe oder der Obertonreichtum des Klanges, wird durch die Stärke der Modulation gesteuert. Die Voreinstellung dafür übernimmt im Soundforum-Synthesizer der ›FM‹-Regler. Er ist quasi der Send-Regler für einen unsichtbaren Tonhöhen-Steuerungseingang von Oscillator 2.

Durch automatische Steuerung der Modulationsstärke kann man bei der FM das Klangbild im Zeitverlauf modulieren, so wie man es in der klassisch analogen Synthese mit der Cutoff-Frequenz tut, auch wenn das klangliche Ergebnis ein anderes ist. Das kann man im Soundforum-Synthesizer wahlweise mit einer Hüllkurve, dem LFO oder sogar einem MIDI-Controller.

1 Rufen Sie Snapshot ›16 – Basic FM‹ zurück.

2 Setzen Sie die ›Interval‹-Werte auf 19 für Oscillator 1 und auf 0 für Oscillator 2.

Das Ergebnis ist ein harfenähnlicher Grundklang.

3 Drehen Sie jetzt den ›D(ecay)‹-Wert der Filter-Env(elope) unter langsamem Spielen zurück.

Das Ergebnis: Der FM-Regler wird durch die Hüllkurve automatisiert, der Modulationsverlauf wird mit abnehmendem Decay-Wert immer kürzer. Vorprogrammiert ist diese Modulation in der ›Filter Env→Osc‹-Sektion. Dort können Sie sehen, dass die Filter-Hüllkurve die Amplitude von Oscillator 1 steuert.

Wellenformen

Die reine Lehre der FM-Synthese, so wie sie sich Dr. John Chowning an der Stanford University in den frühen Achtzigern mal ausgedacht hat, basiert auf reinen Sinuswellen. Das macht Sinn, denn mit einer vollkommen obertonlosen Wellenform als Grundlage hat man perfekte Kontrolle über das klangliche Ergebnis.

Das heißt aber nicht, dass andere Wellenformen nicht interessante Ergebnisse erzeugen könnten. Zudem haben wir hier nicht – wie etwa im DX7 – sechs Oszillatoren zur Verfügung, sondern nur zwei. Da können komplexe Wellenformen als Zutat erstens hilfreich sein und zweitens interessante Ergebnisse bringen, wie das folgende Experiment beweist:

1 Rufen Sie den Snapshot ›16 – Basic FM‹ zurück.

2 Setzen Sie die ›Interval‹-Werte für Oscillator 1 auf –24 und für Oscillator 2 auf 0, und drehen Sie ›FM‹ voll auf.

Das klingt ja schon ganz nett. Jetzt die Fräse:

3 Schalten Sie Oscillator 1 auf ›Puls‹.

Und jetzt richtig aufdrehen:

4 Drehen Sic den ›Symm‹-Wert langsam auf. Am interessantesten klingt es zwischen 0.3 und 0.6.

Wer mir jetzt erzählen will, er hätte dem Soundforum-Synthesizer diesen Sound zugetraut, fühle sich bitte nach Strich und Faden ausgelacht.

Nächstes Experiment:

1 Lassen Sie den Sound so, wie er ist, und schalten Sie Oscillator 1 auf Noise.

2 Drehen Sie ›A(ttack)‹ in der Filter Env(elope) auf etwa 66.

So einfach kann man sich einen Instant-Strandurlaub verschaffen – ohne deutsche Nachbarn und Liegestuhl-Krieg. Apropos Krieg:

3 Setzen Sie den ›A(ttack)‹-Regler wieder zurück, dafür ›R(elease)‹ auf Vollausschlag, den ›FM‹-Regler auf etwa 1100 und den ›Interval‹-Wert für Oscillator 2 auf 24.

›Das Boot‹ lässt grüßen. Perfektionisten können den Echolot-Eindruck noch durch folgende Verfeinerung verstärken: Cutoff und Resonanz jeweils auf Hälfte.

Zwischennote

Nun habe ich Ihnen in diesem Abschnitt eine Menge vorgekaut. Sie haben aber, da bin ich sicher, im Wesentlichen mitbekommen, was passiert. Für diese und grundsätzlich auch alle anderen Experimente im Rahmen des Soundforums kann ich Ihnen immer nur eines empfehlen:

Drehen Sie über die Schrittanleitungen hinaus an Reglern, und versuchen Sie herauszubekommen, welche in der jeweiligen Situation etwas bewirken. So merkt sich Ihr ›Gehör-Gedächtnis‹ von ganz allein, was der Synthesizer tut.

Das – und nur das – ist das eigentlich Wichtige, was Sie für zukünftige Soundprogrammier-Übungen im Hinterkopf behalten müssen.

Zu wissen, *warum* der Synthesizer das tut, ist übrigens – hatte ich das schon erwähnt? – abseits akademischen Ehrgeizes zweitrangig, wenn auch sicher nicht störend. Es sollte Sie aber nicht vom Wesentlichen ablenken – die oft komplexen Zusammenhänge zwischen Knopfdrehen und Hörergebnis in sich aufzunehmen.

FM mit den Augen

Wir haben nun mal einen Wellenformbetrachter im Soundforum-Synthesizer, und FM lässt sich ganz prächtig optisch nachvollziehen. Deshalb möchte ich Ihnen diesen abrundenden Schritt nicht vorenthalten: FM mal mit eigenen Augen auf dem Scope zu verfolgen.

Zunächst die ›Versuchsanordnung‹:

1 Rufen Sie den Snapshot ›4 – Basic Sine‹ auf.

2 Drehen Sie im Mixer ›Osc 1‹ auf 0 und ›Osc 2‹ auf 1.

3 Drücken Sie den Buchstaben [T] auf der Computertastatur, und stellen Sie das Scope so ein, dass Sie knapp anderthalb Wellenformdurchgänge sehen können, wie in der nachstehenden Abbildung gezeigt.

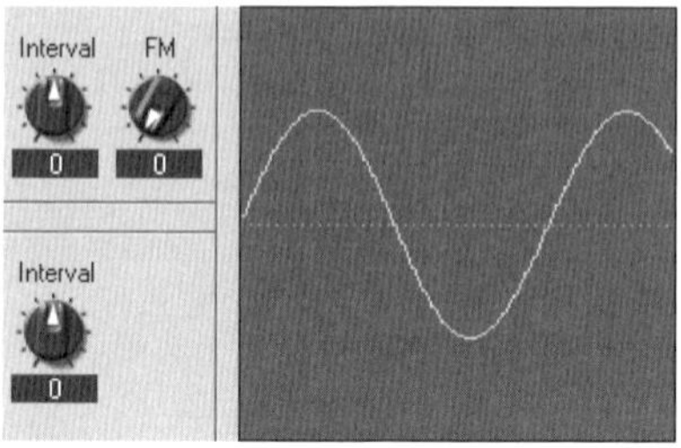

Die FM-Ausgangswellenform Sinus im Scope.

Jetzt wird's spannend:

4 Drehen Sie langsam den ›FM‹-Regler in Oscillator 1 bis etwa 300 auf, und beobachten Sie das Scope.

Sie hören und sehen, dass die ursprüngliche Sinuswelle moduliert wird. Sie sehen aber auch eine fließende Animation, und die rührt daher, dass die beiden Oszillatoren leicht schweben.

5 Setzen Sie den ›Detune‹-Wert in Oscillator 2 auf 0, und drehen Sie wieder ›FM‹ langsam auf.

Die Animation ist weg, dafür können Sie aber ganz genau sehen, was die FM mit der Sinuswelle veranstaltet.

Schalten Sie das Scope ab und zu auf ›Freeze‹, wenn es allzu sehr zuckt.

Die Modulationsstärke, die durch den ›FM‹-Regler gesteuert wird, wirkt sich also hörbar (mehr Obertöne) und sichtbar (mehr Verbiegung) auf die Grundwellenform aus.

Abschließend sehen wir uns an, wie das Frequenzverhältnis sich optisch auswirkt:

6 Fixieren Sie den ›FM‹-Regler auf 1000.

7 Halten Sie [T] auf der Computertastatur, und aktivieren Sie im Scope die ›Freeze‹-Funktion.

8 Stellen Sie nacheinander die folgenden Intervall-Werte für Oscillator 1 ein und schauen Sie sich das Scope an (Sie werden häufiger auf ›Freeze‹ klicken müssen): 0, 12, 24, 48, –12, –36, –60.

Unschwer zu erkennen: Schwingt der Modulator (Osc 1) höher als der Carrier (Osc 2), so gibt es im Signal kleine Buckel. Wie viele, hängt vom Frequenzverhältnis beider Oszillatoren ab. Dabei belassen wir es aber dann auch erst einmal.

Jugend forscht

Wenn Ihr Forschergeist unersättlich ist und Sie noch mehr über FM herausfinden wollen, können Sie das mit dem Soundforum-Synthesizer wunderbar tun. Hier eine Reihe von Versuchen, die Sie selbst durchführen können:

- ❖ Basteln Sie ein paar einfache FM-Sounds auf Grundlage des Snapshots. Leicht fallen sollten Ihnen jetzt zum Beispiel E-Piano, Harfe, Laser oder Rechteck-Lead.
- ❖ Drehen Sie im Snapshot ›11 – Basic Bass‹ den ›Mix‹-Regler für Oscillator 2 und den ›FM‹-Regler auf. Versuchen Sie, dem Bass-Sound einen metallischen Anschlag per FM hinzuzufügen.
- ❖ Nur für echt Ehrgeizige: Finden Sie heraus, welchen Einfluss die Frequenzmodulation im Snapshot ›19 – Basic Thunder‹ hat und wie der Effekt zustande kommt.

  Tipp: Variieren Sie dazu die Parameter ›FM‹, Oscillator 2 ›Interval‹, die Wellenform von Oscillator 1 und Filter ›Cutoff‹.

Sie haben sich eine kleine Pause verdient, denn das war ein ordentlicher Batzen Stoff, den Sie durch eigene Experimente immer mal wieder ausbauen sollten. Im nächsten Abschnitt, das verspreche ich, wird es etwas einfacher.

Sync und Ringmodulation

›Nach dem Aufwärmen an der FM-Maschine trainieren wir jetzt die Sync-Muskeln und stemmen die Ringmodulations-Hantel‹ – so finge dieser Abschnitt an, wäre der Verfasser ein Freund unbeholfen witziger Einleitungen.

Ist er aber nicht. Ich hoffe vielmehr, alle haben den letzten Abschnitt gut überstanden, denn er war zugegebenermaßen schon schwieriger. Dafür darf ich Ihnen die beruhigende Sicherheit mitgeben, dass es viel härter nicht kommen kann.

Sync und Ringmodulation, die beiden Techniken, die wir diesmal trainieren, sind harmloser und aus dem Blickwinkel des Sounddesigners auch nur abgewandelte Alternativen zur Frequenzmodulation.

FM benutzt man, wie wir gesehen haben, um metallische Sounds oder Space-Effekte zu erzeugen oder grundsätzlich Härte in analoge Sounds zu bekommen. Sync und Ringmodulation haben ebenfalls ihre Spezialgebiete:

Mit Sync kann man folgende Effekte erzeugen:

- ›drahtige‹ Klangfarben (saitenähnlich),
- angenehm metallisch schneidende oder sägende Klangverläufe,
- starke Schwebungen, bei denen auch die Klangfarbe mitschwebt.

Sync eignet sich also hervorragend für knallige Synth-Bässe, beißende Poly-Sounds und schneidende Leads.

Ringmodulation dagegen ist eher der Effekt für Leute, die ihre Musik hauptsächlich als Auflehnung gegen ihr Elternhaus oder das Schweinesystem verstehen. Irgendwie klingt Ringmodulation immer bedrohlich oder depressiv. Was nichts Schlechtes sein muss, denn möglich sind:

- metallische oder glockige Sounds,
- Anschmutzen oder Anrauen eher harmloser Sounds,
- rauschhafte Effekte bis hin zu Laser-Sounds,
- Horror-Effekte.

Na, Ohr wässrig gemacht? Ok – legen wir los.

Wie klingt Sync?

Das lässt sich sehr einfach herausfinden: Rufen Sie Snapshot ›17 – Basic Sync‹ auf.

> Zur Erinnerung: Die Snapshots für die ersten Kapitel sind im Soundforum-Synthesizer bereits eingebaut, Sie finden sie im Einblendmenü oberhalb des Filter-Moduls.

Dieser Sync-Sound klingt noch sehr ungeschliffen und könnte sowohl zum Bass als auch zum Lead-Sound verfeinert werden. Machen wir später, aber erst einmal schauen, wie sich Sync eigentlich anfühlt und wie er entsteht:

1 Rufen Sie Snapshot ›2 – Basic Square‹ auf.

2 Drehen Sie ›Osc1‹ im Mixer ganz ab und ›Osc2‹ ganz auf. Aktivieren Sie anschließend den Schalter ›Snc‹.

Jetzt geht's ans Ausprobieren:

3 Drehen Sie den ›Interval‹-Regler von Osc2 schrittweise auf, und spielen Sie mit jeder Einstellung ein paar Noten.

Sie sehen – mit Sync lassen sich Wellenformen und Klangfarben erzeugen, die jenseits des üblichen analogen Spektrums liegen.

Merken wir uns, dass sich die Grundtonhöhe des Klanges nicht ändert, obwohl Sie Oscillator 2 doch transponieren. Auffällig sind dagegen die Oktav- und Quint-Einstellungen (12, 19, 24 ...) – hier ›kippt‹ der Sound in die eingestellte Tonhöhe.

4 Stellen Sie Osc2 wieder auf ›Interval‹ = 0, und verstellen Sie dafür mal das ›Interval‹ in Osc1.

Nun ändert sich die Tonhöhe, aber nur bei positiven Werten; bei negativen Werten wird eher ein niedriger transponiertes Störgeräusch addiert.

Wie entsteht Sync?

Dieser Abschnitt ist optional, Sie können ihn auch überspringen, wenn Sie auf schnellen Genuss aus sind.

Sync entsteht so: Immer dann, wenn ein Oszillator am Startpunkt seiner Schwingung angelangt ist, setzt er den anderen ebenfalls auf den Startpunkt zurück.

In diesem Fall setzt Osc1 eben Osc2 zurück, er ›synchronisiert‹ ihn. Dadurch erklärt sich, dass sich die Tonhöhe ändert, wenn man Osc1 hochtransponiert, denn er schwingt schneller als Osc2 und zwingt diesen dadurch ebenfalls zu schnellerem Schwingen.

Transponiert man jedoch Osc2 hoch, so bestimmt immer noch Osc1 die Grundtonhöhe, die schnellere Schwingung von Osc2 wirkt dann eher wie eine zusätzliche Klangfarbe.

Sie können sich dieses Phänomen im Scope ansehen:

1 Setzen Sie ›Interval‹ für beide Oszillatoren wieder auf 0.
2 Schalten Sie Osc2 auf ›Saw‹.
3 Halten Sie eine beliebige Taste, und stellen Sie das Scope so ein, dass Sie einen Schwingungsdurchgang gut im Blickfeld haben.
4 Drehen Sie den ›Interval‹-Regler von Osc1 auf.

Sie sehen, dass die Sägezahnschwingung jetzt unterbrochen wird – und zwar so, dass sie immer wieder bei Null beginnt. Das liegt daran, dass Osc1 hier Osc2 bei jedem Wellenstart ›in die Knie synct‹.

Genug der Theorie – sehen und hören wir uns die drei oben angeführten Sync-Effekte mal in natura an.

Sync-Lead

Wir basteln uns einen Sync-Leadsound – die Motorsäge des Keyboard-Solisten:

1 Rufen Sie Snapshot ›3 – Basic Saw‹ auf.
2 Drehen Sie Osc1 ab und Osc2 voll auf, und aktivieren Sie ›Snc‹.

Nun ist soweit alles vorbereitet. Damit der Sync auch hörbar wird, muss Osc2 nun irgendeine Form von Tonhöhenmodulation bekommen.

3 Aktivieren Sie im Modul ›Filt-Env→Osc‹ den ›P‹-Schalter für Osc2.

Damit schalten Sie die Filter-Hüllkurve auf den Tonhöhen-Eingang von Osc2. Klingt noch nicht beeindruckend.

4 Drehen Sie den ›Amount‹-Regler im selben Modul auf 1, und erhöhen Sie den ›D(ecay)‹-Wert der ›Filter Env(elope)‹ auf 50.

Damit haben Sie den Einfluss der Filter-Hüllkurve vergrößert (Amount) und gleichzeitig ihr Abklingen (Decay) verlängert.

Der Sound klingt schon ziemlich syncig, aber unschön. Formen wir ihn ein bisschen mit dem Filter:

5 Drehen Sie ›Cutoff‹ auf 90 zurück und dafür den ›Env‹-Regler auf 40.

Nun beeinflusst die Filter-Hüllkurve nicht nur die Sync-Klangfarbe, sondern auch die Filterfrequenz. Da wir anspruchsvoll sind, möchten wir auch noch, dass der Leadsound bei gehaltener Taste eine Art ›Feedback‹-Effekt erzeugt:

6 Drehen Sie den ›Interval‹-Regler von Osc2 auf 12.

Jetzt wird der Sound schärfer und landet am Ende auf einer Quinte. Dem Heavy-Duell mit dem Bandgitarristen steht nichts mehr im Wege.

Etwas böser klingt der Sound, wenn Sie die Resonanz aufdrehen und womöglich noch den ›Attack‹-Wert in der Filter-Hüllkurve auf 10 setzen, sodass der Sound leicht ›schnappt‹.

Metall-Bass

Hier benutzen wir den Sync nicht als schneidenden Klangverlauf, sondern als statische Klangfarbe, um einen Analogbass metallischer zu machen.

1 Rufen Sie Snapshot ›11 – Basic Bass‹ auf, und drehen Sie ›Env‹ im Filter auf 86, um den Sound etwas aufzuhellen.

Das Ergebnis ist ein knackiger, neutraler Pulswellen-Bass. Seinen analogen Charakter wollen wir aber ein wenig metallischer haben, also müssen wir Metall hinzufügen.

Das realisieren wir durch Hinzumischen von Osc2, der per Sync eine metallische Klangfarbe bekommt. Los geht's:

2 Aktivieren Sie ›Snc‹, und drehen Sie Osc2 im Mixer auf 0.7.

Jetzt ergibt sich eine Oktave (erinnern wir uns: der Feedback-Effekt auf harmonischen Intervallen).

3 Setzen Sie ›Interval‹ für Osc2 auf irgendeinen Wert zwischen –4 und –1.

Zack – wertvolles Eisen und Spurenelemente, der Bass klingt wie ein guter alter DX.

Die Klangfarbe variieren Sie nun am effektivsten mit den Wellenform-Schaltern von Osc1 und 2 sowie dem ›Interval‹-Regler. Elektronische Bass-Welten warten auf ihre Entdeckung!

Extrem-Schwebing

Einen flangerartig verstärkten Schwebungseffekt kann man ebenfalls gut mit Sync hinbekommen. So etwas braucht man für Bässe, Pads oder auch fette Lead-Sounds.

1 Rufen Sie Snapshot ›13 – Basic Mini‹ auf.

Ein schöner kleiner Lead-Sound, wie er heute in vielen Altenheimen den Keith-Emerson-Fans die Wartezeit bis zur Cardio-Funk-Gruppe (Kein Witz, gibt's wirklich!) versüßt.

Wir wollen ihn zeitgemäß, und zeitgemäß heißt böse und nervig. Eine unserer leichtesten Übungen:

2 Aktivieren Sie ›Snc‹ und im LFO den ›P‹-Schalter für Osc2.

Wir wollen darauf hinaus, dass der LFO eine langsame Modulation erzeugt, die die Tonhöhe von Osc2 und damit die Klangfarbe des Sync-Effekts moduliert.

3 Drehen Sie ›Rate‹ auf –3.5 und ›Amount‹ auf 0.5. Schalten Sie die LFO-Wellenform auf ›Tri‹.

Klingt schon so ein bisschen wie eine Schwebung. Nun kommen die Sägezähne:

4 Drehen Sie den ›Interval‹-Regler für Osc2 auf einen Wert zwischen 10 und 20, je nach gewünschtem Härtegrad.

Fast fertig, denn mit folgenden Modifikationen lässt sich der Sound graduell noch böser machen:

5 Nehmen Sie Osc1 im Mixer zurück.

6 Erhöhen Sie den ›Amount‹ im LFO.

7 Schalten Sie das Filter auf einen weniger steilen Modus um (›LP1‹ oder ›LP2‹), drehen Sie ›Cutoff‹ weiter auf, wenn's beliebt auch ›Resonance‹.

Was Sie eben dem Lead-Sound angetan haben, lässt sich natürlich auf alle Arten von Synthesizersounds vom Bass bis zum Effekt anwenden.

Ringmodulation

Nicht ganz so ergiebig wie der Sync-Effekt, aber dennoch interessant ist die Ringmodulation. Der Begriff ist ein bisschen unschlau gewählt, denn der unvorbelastete gesunde Menschenverstand verbindet damit nichts. Dabei ist es so einfach: Ringmodulation bedeutet, dass beide Oszillatoren sich gegenseitig in der Lautstärke modulieren – mathematisch gesehen nur eine Multiplikation der Amplituden.

Hören und sehen wir uns das doch erst einmal an:

1 Rufen Sie Snapshot ›3 – Basic Saw‹ auf.

2 Drehen Sie Osc1 im Mixer ganz ab, dafür den RingMod-Ausgang auf.

Nun hören Sie bereits eine Ringmodulation, aber die sagt einem irgendwie nichts.

3 Schalten Sie Osc2 auf ›Sin‹.

4 Drehen Sie ›Interval‹ bei Osc2 auf –60, und spielen Sie eine möglichst tiefe Note.

Nanu, klingt das nicht wie ein Tremolo? Klar, und die Erklärung ist einfach: Osc2 schwingt jetzt so langsam, dass er unterhalb des hörbaren Bereiches läuft, also quasi als LFO. Da er die Lautstärke von Osc1 moduliert, ergibt sich ein Tremolo mit der Wellenform Sinus.

5 Schalten Sie Osc2 mal auf Puls – schon wird die Modulation abrupt.

So, nun wollen wir die Ringmodulation mal in Action sehen und hören:

6 Halten Sie die Taste [Z] auf der Computertastatur, und drehen Sie den ›Interval‹-Regler für Osc2 langsam auf.

Ab etwa –30 entert der Oscillator bei dieser Tonhöhe den hörbaren Bereich. Darüber ergeben sich – wie bei der Frequenzmodulation – neue Klangfarben, die meistens unharmonisch sind. Nicht ganz so zackig klingt das Ganze übrigens, wenn Sie Osc1 auf ›Sin‹ schalten und den ›Symm‹-Regler herunterdrehen, denn nun modulieren sich zwei Sinuswellen.

Bei dieser Gelegenheit können Sie auch nachverfolgen, was die Legende erzählt: Dass bei der Ringmodulation die Addition und die Subtraktion beider Frequenzen entsteht. So richtig folgt der Soundforum-Synthesizer nicht der Theorie, aber etwas hat es davon. Auch hierzu ein paar Klangbeispiele.

Basic Ringmod

Zunächst mal ein Fertig-Gericht: Rufen Sie Snapshot ›18 – Basic Ringmod‹ auf. Das ist der klassische Laser-Effekt, für den man die Ringmodulation gern bemüht. Um das Patch zu durchschauen, müssen Sie nur den ›Amount‹-Regler im Modul ›Filt-Env→Osc‹ nach unter und langsam wieder nach oben drehen. Eventuell können Sie auch noch an der Filter-Hüllkurve schrauben.

Alles klar? Die Filter-Hüllkurve moduliert die Tonhöhe von Osc2 und lässt ihn damit durch ein Feuerwerk unharmonischer Spektren wandern.

Glocken

Ein Spezialgebiet der Ringmodulation sind unharmonische und damit oft als ›glockig‹ wahrgenommene Klänge. Hier ein Basis-Patch für Hunderte von Glockensounds:

1 Rufen Sie den Snapshot ›18 – Basic Ringmod‹ zurück.
2 Deaktivieren Sie die ›Filt Env→Osc‹-Sektion, und schalten Sie beide Oszillatoren auf ›Sin‹.
3 Damit die Glocken nachklingen, setzen Sie den ›R(elease)‹-Wert in der ›Amp Env(elope)‹ auf 57.

Durch Kombination verschiedener ›Interval‹-Werte für Osc1 und Osc2 können Sie jetzt endlos Glockenspektren erzeugen.

Zwei Modifikations-Tipps:

- Härtere Klangcharakter: Einen der beiden Oszillatoren auf ›Puls‹ schalten.
- Gong-ähnliche Sounds bekommen Sie mit tiefen ›Interval‹-Werten, niedriger ›Cutoff‹-Frequenz und ›Resonance‹.

Sounds anschmutzen

Der ›RingMod‹-Ausgang ist im Soundforum-Synthesizer immer zusätzlich zu den beiden Oszillatoren verfügbar. Sie können ihn also auch hinzumischen, um einem bestehenden Sound mehr Schmutz hinzuzufügen. Am besten funktioniert das, wenn beide Oszillatoren verschiedene ›Interval‹-Werte bekommen.

Hier einige Beispiele zur Modifikation der Snapshots:

- ›11 – Basic Bass‹: Drehen Sie ›RingMod‹ hinzu, und setzen Sie ›Interval‹ in Osc2 auf 19.
- ›13 – Basic Mini‹: Drehen Sie ›RingMod‹ auf, und setzen Sie ›Interval‹ in Osc2 auf –5.
- ›20 – Modular Echo‹: ›RingMod‹ rein, Osc 1 und 2 raus und mit ›Interval‹ in Osc2 experimentieren.

Auch wenn es der beliebteste Gemeinplatz aller Workshops ist: Experimentieren über die Beispiele hinaus ist nicht verboten und kann nicht schaden.

Nach dem nächsten Kapitel werden Sie bereits ein Grundwissen haben, das ausreicht, um bestehende Sounds zu modifizieren.

5

Abschluss des Grundkurses

Wenn Sie alle Kapitel inklusive diesem hier gelesen und dabei auch rege eigene Soundprogrammierversuche unternommen haben, dürfen Sie sich bereits grundlegender Soundprogrammier-Fähigkeiten rühmen.

Unser Pensum

In den letzten Kapiteln haben wir immer wieder die im Soundforum-Synthesizer eingebauten Snapshots benutzt. Das waren sehr einfache kleine Vorlagen, die wir zu brauchbaren Sounds aufgebaut haben und damit die Funktionen des Soundforum-Synthesizers gleich am lebenden Beispiel kennen lernen konnten.

In diesem Kapitel möchte ich den Grundkurs abrunden, indem wir die verbleibenden, etwas weiter ausgearbeiteten Patches einzeln durchgehen.

Dabei sehen wir uns an, wie sie funktionieren, und modifizieren sie auch. An jedem Beispiel studieren wir eine andere Kategorie von Synthesizer-Sounds.

Laser-Effekte

Laser-Effekte, Synth-Drums und viele andere Sounds beruhen auf einer Selbstoszillation des Filters. Das bedeutet nichts anderes, als dass die Resonanz des Filters so weit hochgedreht wird, dass das Filter zu schwingen beginnt und einen eigenen Ton erzeugt. So kann man es als dritten Oszillator oder auch als eigenständige Klangquelle einsetzen. Die Filterschwingung ist grundsätzlich ein Sinus, einen Wellenform-Schalter sucht man hier vergeblich.

1 Rufen Sie Snapshot ›10 – Basic Blip‹ auf.

Sie hören eine Art Blip-Geräusch, wie es in der Natur nur durch nicht jugendfrei modifizierte Gummi-Enten erzeugbar wäre. Die Kontrolle über Länge und Verlauf des Geräusches hat die Filter-Hüllkurve, denn sie steuert ja die Filterfrequenz und damit die ›Tonhöhe‹ der Filterschwingung.

2 Drehen Sie in der ›Filter Env(elope)‹ ein wenig an den Reglern ›A‹, ›D‹ und ›R‹.

3 Damit das Geräusch bei Halten der Taste nicht sofort abstirbt, setzen Sie den Parameter ›S(ustain)‹ (Haltepegel) der ›Amp Env(elope)‹ auf 1.

Alles klar? Welchen Einfluss hat man noch? Zum Beispiel den auf die Auslenkung der Kurve.

4 Drehen Sie ein bisschen am ›Env‹-Regler im Filter. Er bestimmt den Einfluss der Filter-Hüllkurve auf die Filterfrequenz (Cutoff).

Und nun wollen wir uns mal einen ordentlichen Jean-Michel-Jarre-Lasersound basteln, indem wir noch den LFO hinzunehmen.

1 Wählen Sie den Snapshot ›10 – Basic Blip‹ nochmals an.

2 Stellen Sie die Parameter in ›Filter Env‹ und ›Amp Env‹ so ein: A: 20, D: 75, S: 50, R: 75.

Damit könnte man immerhin schon mal den Sturzflug einer Zeichentrick-Ente vertonen. Jetzt weiter:

3 Schalten Sie im LFO den ›Filt‹-Schalter ein, und drehen Sie ›Amount‹ auf 0.35.

Damit wird der LFO für das Filter aktiviert und seine Modulationstiefe eingestellt. Das wäre der Spiralflug der Comic-Ente. Nun machen wir den Laser draus:

4 Setzen Sie den ›Rate‹-Parameter im LFO auf 20 – das macht die Modulation schneller.

5 ›Symm‹ stellen Sie auf –0.99. So wird aus der weichen Sinusmodulation etwas Sägezahnartiges.

Jetzt ist es an Ihnen, folgende Aufgaben zu erfüllen:

❖ Ändern Sie die LFO-Modulation in einen Quinten-Triller.

❖ Nehmen Sie den LFO raus, und versuchen Sie, aus ›Basic Blip‹ eine Electronic-Bassdrum zu kreieren – ist wirklich nicht schwer, erfordert nur etwas Nachdenken.

❖ Erzeugen Sie aus ›Basic Blip‹ ein Windrauschen. Dazu benötigen Sie Osc1 mit der Wellenform ›Nois(e)‹.

Synth-Bässe

Laden Sie Snapshot ›11 – Basic Bass‹. Das ist ein sehr einfacher Pulswellen-Bass ohne Schnörkel. Sie könnten problemlos eine E-Bass-Spur durch ihn ersetzen, ohne dass der Mix dadurch sonderlich ›synthiemäßig‹ würde. Wir werden nun durch eine Reihe von kleinen Veränderungen verschiedene Synth-Bässe programmieren und dabei gleichzeitig sehen, welche Parameter welchen Charakter im Sound kontrollieren.

Erste Stufe ist ein klassischer, staubtrockener Synth-Bass, der sofort als Synth zu erkennen, jedoch nicht dominant ist:

1 Stellen Sie die Wellenform in Osc1 auf ›Tri‹, und drehen Sie ›Symm‹ voll auf.

So stellt man im Soundforum-Synthesizer eine Sägezahnwelle ein, und damit ist der Sound sofort als synthetisch geoutet.

Da er zudem kurz und trocken sein soll, verpassen wir ihm etwas mehr Resonanz und einen deutlicheren, knackigeren Filterabsturz beim Toneinsatz:

2 Setzen Sie die Resonanz auf 0.43.

3 Stellen Sie ›D(ecay)‹ im Bereich ›Filter Env‹ auf 28 und ›S(ustain)‹ auf 0.4.

4 Regeln Sie ›Env‹ im Filter auf 70 hoch.

Da haben wir ihn, den knochigen Sägezahnbass.

Von hier an gehen wir mal an was richtig Beeindruckendes – die Sorte Bass, die einem im Kino das Popcorn zu Staub zerfallen lässt. Dieser Sound ist extrem breit, klingt lange aus und hat diesen typisch dunklen, drohenden Ausklang.

1 Drehen Sie Osc2 voll auf, setzen Sie dort ›Interval‹ auf –24 und ›Detune‹ auf 0.1.

Jetzt ans Fett – der Soundforum-Synthesizer erlaubt es, mehrere Stimmen auf einer Note zu vereinen und damit die Anzahl der Oszillatoren zu vervielfachen:

2 Setzen Sie ›VCS‹ (Voices) in der oberen Menüleiste auf 3, und stellen Sie für ›Unison‹ ebenfalls 3 ein.

Das drückt, oder? Nun an den Ausklang:

3 Erhöhen Sie das ›D(ecay)‹ in der ›Filter Env‹-Sektion auf 55 und ›R(elease)‹ in Filter und Amp auf 65.

Fertig. Nun sind Sie an der Reihe:

- Mit mehr Resonanz und weniger Env-Ausschlag im Filter haben Sie den typischen ›Das Boot‹-Bass.
- Probieren Sie bei dieser Gelegenheit mal die übrigen Filtertypen von BL4 bis HP1 aus, und finden Sie heraus, was sie klanglich bewirken.

  Tipp: Die ersten beiden Buchstaben stehen bei den Filtern für die Charakteristik (LP: Lowpass) und die Zahl für die Flankensteilheit (Schärfe) des Filters. Was das genau bedeutet, erfahren Sie später.

❖ Programmieren Sie nacheinander folgende Bässe, und feintunen Sie diese selbst zu brauchbaren Sounds: oktavierter Pulsbass mit Resonanz, resonanzloser Sägezahnbass mit Suboszillator (zwei Oktaven tiefer), langsam einschwingender Filmmusik-Bass mit acht Oszillatoren.

Synth-Bläser

Das Modell ›14 – Basic Brass‹ zeigt uns sehr schön, wie Synthesizer-Bläser funktionieren. Bestimmend sind drei Faktoren:

1 Die Wellenform des oder der Oszillatoren; Ausgangspunkt sollte immer der Sägezahn sein.

2 Eine minimale Tonhöhenhüllkurve auf dem Oszillator (siehe hier in ›Filt-Env→Osc‹) simuliert die Ton-Stabilisierungsphase beim Anblasen. Bei mehreren Oszillatoren verdickt dieser Effekt den Sound zusätzlich, wenn nur einer der beteiligten Oszillatoren ›abgelenkt‹ wird.

3 Das Filter erzeugt den klanglichen Anblaseffekt durch einen nicht abrupt, aber doch schnell einschwingenden und dann langsam wieder abklingenden Hüllkurvenverlauf.

Mit unseren analogen Möglichkeiten variieren kann man nun:

❖ den Grundsound,

❖ die simulierte Anzahl der Bläser und

❖ die Härte des Klanges.

Zunächst einmal machen wir den Sound weicher und dicklicher.

1 Setzen Sie in Oscillator 2 ›Interval‹ auf 1 und ›Detune‹ auf –0.18. Stellen Sie jetzt ›Amount‹ in ›Filt-Env→Osc‹ auf 0.04.

Mit Recht werden Sie fragen, warum eine Erhöhung der Tonhöhen-Abweichung die hörbare Verstimmung entschärft. Ist eigentlich einfach zu erklären: Die Filter-Hüllkurve lenkt die Tonhöhe von Osc1 ab (Filt-Env→Osc).

2 Drehen Sie den ›Amount‹-Regler in ›Filt-Env→Osc‹ probehalber mal ganz auf, anschließend aber wieder auf 0.04.

Da der Sustain-Wert aber nicht Null ist, endet die Tonhöhe nicht auf ihrem Sollwert. Das haben wir mit dem ›Interval‹-Wert angepasst. Im wirklichen Leben würde man jetzt den Gesamtsound entsprechend herunter stimmen, um wieder auf Grundstimmung zu kommen.

Weiter im Weichmachen:

3 Erhöhen Sie die ›A(ttack)‹- und ›D(ecay)‹-Werte für ›Filter Env‹ auf 45.

So wird der Klangverlauf erst einmal schön balladenhaft langsam. Nun ans Einfetten:

4 Schalten Sie das Filter auf ›LP2‹.

Damit wird es etwas entschärft und lässt mehr Glanz durch.

5 Senken Sie ›Cutoff‹ auf 55, und erhöhen Sie ›Env‹ auf 80.

Nun klingt's doch fast schon wie ›Africa‹ von Toto, die Nationalhymne der betagteren Top-40-Keyboarder.

Hier Ihre Aufgaben zum Thema Synth-Bläser:

- ❖ Drehen Sie Osc2 weg, und verändern Sie den Sound in Richtung Solo-Posaune.
- ❖ Wie könnte man daraus eine Klarinette machen?
- ❖ Am Schluss programmieren Sie eine oktavierte Brass-Section – hierzu macht es Sinn, den Ausgangs-Snapshot zurückzurufen.

Synth-Strings

Der Snapshot ›15 – Basic String‹ simuliert sowas wie ein Quartett aus Papp-Celli.

Für Synth-Strings ist vor allem die typisch breite, modulierende Schwebung entscheidend, dann ist alles andere nur noch Geschmackssache. Sie lässt sich – externe Effekte wie Chorus oder Ensemble mal außen vor gelassen – im Soundforum-Synthesizer auf zwei Arten erzeugen:

- ❖ Durch Tonhöhenreibung der Oszillatoren. Der eine bekommt also ein Vibrato, der andere nicht. So ist es im Snapshot realisiert.
- ❖ Durch Pulsbreitenmodulation (wie im Abschnitt ›PWM‹ ab Seite 55 gesehen). Das ist im Soundforum-Synthesizer nicht so opportun, da sich die beiden Oszillatoren nicht getrennt modulieren lassen – es gibt ja nur einen LFO.

Bleiben wir mal beim ersten Konzept. Momentan klingt der Sound noch nicht so dick, da sich die Wellenformen von Osc 1 und 2 unterscheiden und die Schwebungs-Reibung also nicht voll greifen kann. Dem helfen wir ab:

1 Schalten Sie Osc2 auf ›Saw‹.

2 Balancieren Sie das Mix-Verhältnis aus, indem Sie Osc1 und 2 jeweils auf 0.9 drehen.

Schon klingt's weitaus dicker. Geschwindigkeit und Auslenkung der Schwebung regeln Sie mit ›Rate‹ beziehungsweise ›Amount‹ im LFO. Probieren Sie's – Sie werden feststellen, wie wichtig hier die richtige Abstimmung ist.

Um aus dem Preset einen String-Teppich zu basteln, verlängern wir ein wenig den Ein- und Ausklang und oktavieren die beiden Oszillatoren.

3 Setzen Sie ›A(ttack)‹ bei ›Amp Env‹ auf 60, ›R(elease)‹ bei ›Amp Env‹ und ›Filter Env‹ auf 65.

4 Stellen Sie ›Interval‹ in Osc2 auf +12.

So klingt's nach Strings. Wenn Sie die Oszillatoren oktavieren, achten Sie immer darauf, dass das Vibrato auf dem höher gestimmten Oszillator liegt. Warum, können Sie gerne mal ausprobieren.

Nun noch ein bisschen Biss:

5 Setzen Sie das Filter auf ›LP1‹ und ›Cutoff‹ auf 65.

So setzt das Filter weiter unten an, lässt aber aufgrund der geviertelten Flankensteilheit auch noch ein paar höhere Frequenzen durch – das macht den Sound insgesamt weniger scharf und etwas seidiger.

Als Demonstration der Tatsache, dass das String-Modell auch vollkommene synthetische Sounds hervorbringen kann, noch ein schönes Space-Pad:

1 Setzen Sie in beiden Oszillatoren eine Rechteck-Wellenform ein – schalten Sie dazu auf ›Puls‹, und drehen Sie ›Symm‹ bzw. ›Puls-Sym‹ ganz nach links.

2 Setzen Sie ›Interval‹ auf 0, ›Detune‹ auf 0.11.

Schön hohl und künstlich kalt. Das verstärken wir durch einen höhlenartigen Filtersound:

3 Setzen Sie das Filter auf ›BP4‹ und ›Cutoff‹ auf 60.

Jetzt lässt das Filter nur noch das Band um die Cutoff-Frequenz herum durch, unterdrückt also außer den oberen auch die unteren Frequenzanteile (Bandpass). Dieses Frequenzband wird durch die Resonanz betont, und zusätzlich wird die Hüllkurve deaktiviert:

4 Stellen Sie ›Env‹ im Filter auf 0, ›Reson(ance)‹ auf 0.6.

Fertig. Jetzt wieder Sie:

❖ Zaubern Sie ein warmes Synthesizer-Pad.

❖ Wie könnte man den Sound noch dicker machen? Tipp: Haben wir oben schon ausprobiert!

❖ Probieren Sie mal, aus dem Basic-Snapshot eine einzelne Geige zu machen (ein Oszillator muss dazu weg).

Wetter und Echo

Zum guten Schluss sollen Sie Ihre in den ersten Kapiteln erworbenen Kenntnisse anwenden, um herauszufinden, wie die beiden Effektsounds am Ende der Snapshot-Liste funktionieren. Das sollten Sie allein schaffen, ich gebe Ihnen dazu nur ein paar wenige Hinweise, wie Sie zum Ziel kommen:

1 Rufen Sie ›19 – Basic Thunder‹ auf.

2 Variieren Sie folgende Regler in der angegebenen Reihenfolge, und stellen Sie jeden anschließend wieder in seine Ausgangsstellung:

- ❖ FM,
- ❖ Interval,
- ❖ Cutoff,
- ❖ Resonance,
- ❖ Amount (Filt-Env→Osc).

Notieren Sie sich vielleicht nach jeder Knopfdrehung, welchen Aspekt des Klanges der jeweilige Parameter beeinflusst. Analysieren Sie den Sound auf Privatdetektiv-Art, und versuchen Sie, ihn sinnvoll abzuändern.

Zum letzten Sound:

1 Rufen Sie ›20 Basic Modular Echo‹ auf.

2 Variieren Sie folgende Regler im LFO:

- ❖ Rate,
- ❖ Symm,
- ❖ Amount.

Das dürfte einfacher gewesen sein.

Glückwunsch – wenn Sie bis hierher gekommen sind, haben Sie ein grundlegendes Verständnis von der Funktionsweise eines Synthesizers und vom Zusammenspiel seiner Parameter erworben. Dass da noch Erfahrung hinzukommen muss und Lücken gefüllt werden wollen, sollte Ihrem berechtigten Stolz keinen Abbruch tun.

6

Soundforum-Synthesizer-Tutorial

Dieses Kapitel gibt Ihnen eine tiefere Einführung in die Module des Soundforum-Synthesizers. Das Grundwissen, das Sie damit erwerben, ist in weiten Teilen auf jeden anderen Synthesizer übertragbar und damit, wie man so schön sagt, ›was fürs Leben‹.

Ich habe eingangs vehement die These vertreten, dass man nicht erst graue Synthesizertheorie büffeln muss, wenn man Sounds programmieren will. Und mit den ersten Kapiteln habe ich gemeinsam mit Ihnen den Beweis für die Richtigkeit dieser zunächst vielleicht gewagt wirkenden These geführt: Sie haben nämlich bereits einige komplexere Soundtüfteleien durchgeführt, ohne sich mit theoretischem Ballast übermäßig befrachtet fühlen zu müssen.

Wenn Sie bis hier gekommen sind, zeigt das, dass Ihnen das Soundprogrammieren Spaß macht, und ich nehme an, Sie wollen jetzt etwas tiefer einsteigen. Um jedoch tiefer in die Materie einzudringen, muss ich irgendwann schlicht voraussetzen, dass Ihnen Begriffe wie ›Resonance‹ oder ›LFO-Rate‹ geläufig sind.

Ziel dieses Kapitels ist es daher, alle Funktionen und Module des Soundforum-Synthesizers noch einmal unter die Lupe zu nehmen und Ihnen anhand vieler Experimente ein genaues Bild der Möglichkeiten eines Synthesizers zu geben. Dieses Grundwissen kann man dann natürlich problemlos auf andere Synthesizer desselben Prinzips anwenden, ob das nun ein dreißig Jahre alter Analogsaurier oder ein Software-Synthesizer modernsten Zuschnitts ist.

Dieses Tutorial soll aber auch diejenigen noch einmal zum Innehalten animieren, die sich Soundprogrammierung eigentlich schon zutrauen.

Oder wie John Wayne sagen würde: ›Lasst die Pferde saufen und schlaft euch noch mal richtig aus. Morgen muss jeder von uns sein Bestes geben, und dann werden wir ihnen zeigen, wer Herr ist in diesem Land!‹

Grundlegende Funktionen

Bevor es an auf den langen Marsch durch die Klangerzeugung geht, möchte ich ein paar Funktionen hervorheben, die man als ambitionierter Soundforum-Synthesizer-Programmierer ständig braucht. Das sind unter anderem die Funktionen, mit denen sich Sounds laden und speichern, Controller zuordnen oder besonders superfette Klänge programmieren lassen.

Ausführliche Erklärungen zu allen, auch den langweiligeren und wichtigeren Funktionen, finden Sie im Kapitel ›Der Soundforum-Synthesizer‹ ab Seite 19.

Sounds und Bänke laden und sichern

Ein Sound im Soundforum-Synthesizer heißt, wie wir in den ersten Kapiteln schon gesehen haben, ›Snapshot‹. Den gesamten Zustand des Soundforum-Synthesizers inklusive fast beliebig vieler Snapshots kann man als ›Ensemble‹ sichern.

Diese Nomenklatur entstammt Reaktor, dem Synthesizer-Entwicklungssystem von Native Instruments, auf dem der Soundforum-Synthesizer basiert.

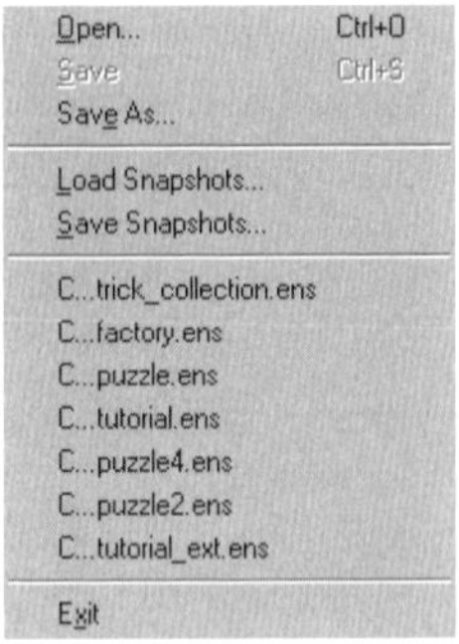

Das File-Menü.

›Sichern‹ heißt übrigens das Schreiben in eine Datei auf einem Speichermedium, etwa einer Festplatte – im Gegensatz zu ›Speichern‹, womit man lediglich eine Einstellung im RAM ablegt.

Beim Sichern des Ensembles werden neben den Snapshots auch so gut wie alle ›Geräte‹-Einstellungen einschließlich etwa der Sample-Rate, der MIDI-Controller-Zuordnungen oder der maximalen Stimmenzahl mitgesichert. Wir werden in einem der nächsten Abschnitte noch etwas ausführlicher auf diese Möglichkeiten eingehen.

Ensembles lassen sich über die ersten drei Menüpunkte des File-Menüs laden und sichern, Snapshots über – wen wundert's wirklich – ›Load/Save Snapshots‹.

Zum Austausch von Soundbänken mit anderen Soundforum-Synthesizer-Usern empfehle ich Ihnen, Snapshots zu verwenden. Denn sonst versauen Sie Ihrem Kumpel womöglich die Soundkarten- und Controller-Einstellungen, und das könnte eine ernste Trübung einer wunderbaren Freundschaft bedeuten.

Snapshot einzeln speichern

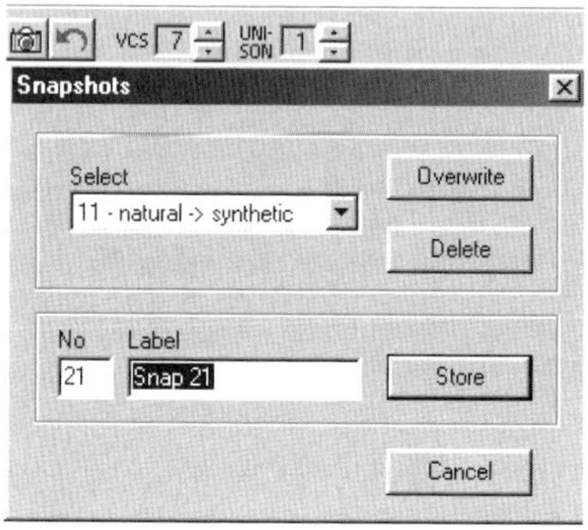

Kamera anklicken, Nummer sowie Namen eingeben und Store klicken – schon ist ein Snapshot gespeichert.

Wenn Sie bei Ihren Selbstversuchen etwas Gelungenes zustande gebracht haben und das verewigen wollen, können Sie im Instrument-Menü den Menüpunkt ›Store Snapshot‹ aufrufen.

Es öffnet sich ein Fenster, in dem Sie die aktuelle Einstellung als Snapshot festhalten, benennen und später wieder abrufen können.

Noch eleganter geht das durch Klick auf das Kamerasymbol in der Symbolleiste. Im oberen Teil des Fensters können Sie einen bestehenden Snapshot zum Überschreiben oder Löschen wählen.

Interaktive Hilfe

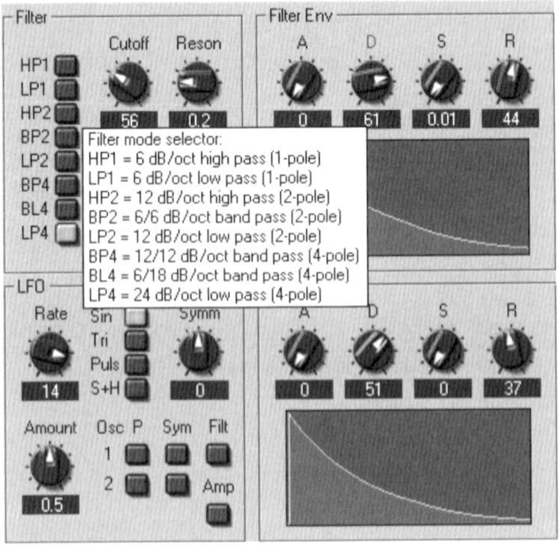

Wenn die interaktive Hilfe aktiviert ist (›Show Hints‹-Schalter oben links ist eingeschaltet), wird zu jedem Parameter eine Beschreibung angezeigt.

Zu jeder Funktion und jedem Parameter gibt es im Soundforum-Synthesizer einen Hilfetext (englisch). Er wird eingeblendet, wenn die Maus auf die Funktion zeigt.

❖ Um die interaktive Hilfe zu aktivieren, klicken Sie in der Symbolleiste auf das Mauspfeil/Fragezeichen-Symbol.

Wer möchte, kann ja schon mal einen kleinen Rundgang mit dem Mauszeiger machen.

Nach einer kurzen Eingewöhnungszeit mit dem Soundforum-Synthesizer empfehle ich Ihnen, die Hilfstexte zu deaktivieren, sonst nervt's irgendwann.

Fernbedienung des Soundforum-Synthesizers

Die Regler und Schalter des Soundforum-Synthesizers lassen sich wie bei fast jedem vergleichbaren Synthesizer auch fernbedienen. Dazu können Sie jedem Parameter eine MIDI-Controller-Nummer zuordnen und den Parameter anschließend über MIDI steuern.

So könnten Sie den Soundforum-Synthesizer entweder von einem externen Hardware-Controller (beispielsweise einem USB-Keyboard mit Drehreglern) aus programmieren oder sich in einem Sequenzer einen Editor bauen, mit dem Sie den Synthesizer dann im Song automatisieren.

Umgekehrt geht das Ganze übrigens auch: Sie können also vom Soundforum-Synthesizer aus einen Hardware-Synth fernsteuern.

Das Zuordnen der MIDI-Controller müssen Sie nur einmal machen, nicht für jeden Snapshot einzeln. Die Einstellungen werden dann mit dem Ensemble gespeichert.

Am bequemsten geht das Ganze über die ›MIDI Learn‹-Funktion. Diese nutzen Sie so:

1 Sie aktivieren zuerst das MIDI-Learn-Symbol in der Symbolleiste (die MIDI-Buchse mit dem ›L‹).

2 Nun klicken Sie einen Parameter im Soundforum-Synthesizer an und drehen oder drücken den entsprechenden Knopf am externen Controller. Fertig.

Kontrollieren und manuell zuordnen können Sie die Controller im Parameter-Properties-Dialog (siehe nachstehende Abbildung). Der öffnet sich, wenn Sie mit der rechten Maustaste auf den Parameter klicken (Mac-User klicken mit gehaltener Taste ctrl) und im Kontextmenü den Menüpunkt ›Properties‹ anklicken).

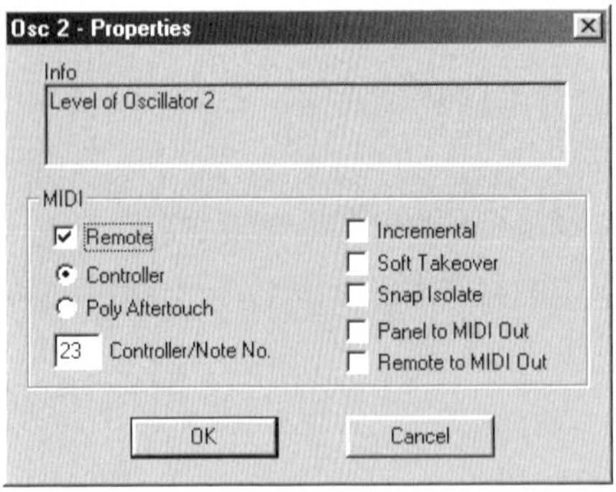

Hier ist der Mix-Regler von Oscillator 2 dem MIDI-Controller 23 zugeordnet.

Die linke Hälfte des Dialogs bezieht sich auf den einzelnen Regler, die rechte auf das gesamte Instrument. So geht's ›zu Fuß‹:

1 Aktivieren Sie die Option ›Remote‹ für den Regler.

2 Geben Sie die Controller-Nummer an, die den Regler steuern soll – fertig.

Exotischerweise lassen sich die Regler auch mit polyphonem Aftertouch fernbedienen. Das lassen wir hier mal außen vor – wer das nutzen kann und möchte, weiß auch von allein, wie es geht.

In der Regel werden Sie Standard-MIDI-Controller benutzen. Es macht beispielsweise Sinn, die Controller-Belegung Ihres bevorzugten Hardware-Synthesizers auch dem Soundforum-Synthesizer aufzudrücken – so können Sie Spuren mit beiden parallel abspielen. Dafür würde ich ein Extra-Ensemble reservieren.

Bei der Übersetzung der Parameter werden Sie ein wenig tüfteln müssen, denn so eindeutig wie bei ›Filter Cutoff‹ oder ›Attack Time‹ ist die Zuordnung nicht immer. Deshalb empfehle ich Ihnen auch, nur eindeutig übertragbare Parameter zuzuordnen, sonst landen Sie beim Herumdrehen irgendwann unvermeidlich in der Wüste.

Um vom Soundforum-Synthesizer aus einen externen Synth fernzusteuern (um etwa Filter-Sweeps parallel zu fahren), müssen Sie in den Instrument-Properties die Option ›Panel to MIDI Out‹ aktivieren.

Wenn Sie auch noch ›Remote to MIDI Out‹ aktivieren, reicht der Soundforum-Synthesizer auch die Controller-Events weiter, die er über MIDI empfängt.

Die Instrument-Properties öffnen Sie durch Klick auf das ›Zettel mit Pfötchen‹-Symbol in der Symbolleiste.

Maximal mögliche Stimmenzahl

Für jeden Sound (Snapshot) des Soundforum-Synthesizers lassen sich sinnvollerweise die maximale Stimmenzahl und die Stimmenzahl für den Unisono-Betrieb einzeln programmieren. Die maximale Stimmenzahl geben Sie im Feld ›VCS‹ (Voices) rechts in der Menüleiste vor.

Die maximal mögliche Stimmenzahl hängt vor allem von der Leistung Ihres Rechners und der Sampling-Rate ab. Höhere Rechnerleistung beziehungsweise geringere Sampling-Rate erhöhen die maximal mögliche Stimmenzahl. Um die Stimmenzahl herauszufinden, die Ihr Rechner leisten kann, empfehle ich Folgendes:

1 Stellen Sie ›VCS‹ auf einen niedrigen Wert (2 bis 5).

2 Wählen Sie im System-Menü die Sampling-Rate vor (in der Regel 44,1 kHz für optimalen Sound, 32 kHz reichen zum Sound-Programmieren aber auch aus).

3 Erhöhen Sie jetzt langsam den ›VCS‹-Wert. Warten Sie mit dem nächsten Klick immer, bis sich die Auslastungsanzeige (zweites Feld von links in der Symbolleiste) stabilisiert hat.

Behalten Sie im Ruhezustand eine Reserve von mindestens 40 Prozent übrig, denn die Auslastung steigt, sobald Sie Noten spielen. Bei einer derartigen Reserve sollten auch schnellere Notenfolgen den Prozessor nicht in den Overload stürzen.

Apropos Overload: Der ist bei nicht ganz korrekt konfigurierten Systemen auch mal mit einem Absturz verbunden, und deshalb sollte man ihn meiden wie der Keyboarder die Drummer-Freundin.

Wie gut, dass der Soundforum-Synthesizer dafür eine Automatik bietet:

- Aktivieren Sie in den Instrument-Properties (Symbol ›Zettel mit Pfötchen‹) die Option ›Automatic Voice Reduction‹.

Als Anhaltspunkt: Mein zahmer Schreib-Laptop (IBM ThinkPad 1200 mit 550 MHz Celeron) schaffte bei 44,1 kHz und 40 % Reserve locker 32 Stimmen, also weit mehr als viele Hardware-Synthesizer.

Ein guter (oder besser: gemeiner) Sound zum Testen der Auslastung ist übrigens Snapshot ›20 – Basic Modular Echo‹ mit schnellen Notenfolgen.

Unisono

Sie können im Soundforum-Synthesizer eine gespielte Note von mehreren identischen Stimmen spielen lassen, die gegeneinander verstimmt sind. Statt zweier Oszillatoren haben Sie dann plötzlich 4, 6 oder gar 32 auf einer Note. Das Ergebnis sind extrem fette, breite Sounds, die besonders Leads, Pads und Effekten den richtigen Schub geben.

Direkt können Sie den Unisono-Modus aktivieren, indem Sie einfach ganz rechts in der Symbolleiste den UNISON-Wert erhöhen. Ich empfehle aber, kurz in die Instrument-Properties zu gehen und dort unter ›Min Unison Voices‹ eine 2 einzustellen. Auch bei extremen Unison-Einstellungen von über 4 versucht der Soundforum-Synthesizer dann, bei Stimmenknappheit durch Reduktion der Unisono-Stimmen wenigstens noch alle Noten zu spielen.

Wir haben den Unisono-Modus zwar im Abschnitt über ›Synth-Bässe‹ ab Seite 81 schon einmal benutzt, trotzdem aber noch mal ein kleines Experiment:

1 Wählen Sie Snapshot ›15 – Basic String‹.

Das ist ein freundlicher kleiner Pad-Sound, der aber noch etwas Fett gebrauchen könnte.

2 Setzen Sie (vorausgesetzt Sie haben die automatische Stimmenreduktion und die Unisono-Minimum-Zahl korrekt eingestellt) den Unisono-Faktor auf 5.

Na – klingt schon in einer ganz anderen Liga, oder? Wir gehen aber noch einen Schritt weiter:

3 In den Instrument-Properties finden Sie den Parameter ›Unison Spread‹. Er bestimmt, wie stark die Unisono-Stimmen gegeneinander verstimmt werden. Stellen Sie hier 0.1 ein.

Und noch mehr Fett! Vorsicht jedoch: Ab einem Wert von 0.15 wird es denn doch eher Drehleier-artig.

Wichtig: Durch die Vervielfältigung der Gesamtstimmenzahl erhöht sich natürlich auch die Lautstärke, und dadurch können Verzerrungen auftreten. Die beseitigen Sie durch Herunterregeln des Levels in der Master-Sektion oberhalb des Scopes.

Monophone Sounds

Bestimmte Solosounds möchte man natürlich auch nur monophon spielen. In dem Fall stellen Sie bei VCS eine 1 ein. Wenn Sie den Monosound auch mit Unisono-Funktion spielen möchten, müssen VCS und UNISON einfach identisch eingestellt werden.

In dem Fall jedoch kommen Ihnen eventuell die ›Voice Allocation‹-Einstellungen in den Instrument-Properties in die Quere.

1 Setzen Sie dort ›Min Unison Voices‹ auf denselben Wert wie ›Max Unison Voices‹, und deaktivieren Sie ›Automatic Voice Reduction‹ – so ist der Sound immer monophon, ganz gleich, wie viele Noten Sie spielen.

2 Probieren Sie das einmal mit Snapshot ›13 – Basic Mini‹ aus, und stellen Sie alles so ein wie oben beschrieben.

3 Setzen Sie hier für einen besonders schlanken, aber durchdringenden Unisono-Sound den UNISON-Wert auf 3 und ›Unison Spread‹ auf 0.02.

Noch ein Tipp

Speziell bei Unisono-Sounds wird die CPU Ihres Rechners ganz schön rangenommen. Da kann das Spielen polyphoner Unison-Pads ganz schnell keinen Spaß mehr machen, weil man alle halbe Minute den Overload beseitigen und Audio wieder reaktivieren muss.

Wenn Sie einen Sampler oder Sample-Player haben, empfehle ich Ihnen deshalb, den Sound im Soundforum-Synthesizer richtig schön fett einzustellen und dann als Multisample abzusampeln. So können Sie ihn anschließend mit der vollen Stimmenzahl des Sample-Players spielen.

Und damit schließe ich die Trick-Ecke des Soundforum-Synthesizer-Tutorials. Im nächsten Abschnitt gehen wir an die Klangerzeugung.

Klangerzeugungs-Module

Im zweiten Teil des Tutorials zum Soundforum-Synthesizer stelle ich Ihnen die Klangerzeugung näher vor. Es geht um das grundlegende Verständnis für das Zusammenspiel der Klangbausteine.

Audio- und Steuer-Module

Die Logik der Klangerzeugung teilt sich der Soundforum-Synthesizer mit allen Synthesizern, die nach dem Prinzip der analogen Klangsynthese arbeiten. Das sind also sowohl ältere analoge Modelle von ARP über Moog bis Yamaha wie auch die so genannten ›virtuell-analogen‹ Synthesizer etwa von Access oder Clavia oder Software-Synthesizer wie z. B. der Pro-53.

Im Abschnitt ›Wie funktioniert simple Synthese?‹ ab Seite 43 hatte ich das Prinzip bereits einmal kurz umrissen. Diesmal geht es um die Zusammenhänge zwischen den einzelnen Bausteinen oder ›Modulen‹ des Synthesizers.

Grundsätzlich können wir diese Module in zwei Gruppen unterteilen: Audio-Module und Steuer-Module.

Audio-Module sind Bausteine, die das Signal erzeugen oder direkt beeinflussen. Die Kette der Audio-Module bildet den Signalweg.

Da ein Synthesizersound einen Zeitverlauf abhängig von Anschlagen und Loslassen der Taste und dazu automatisch ablaufende Modulationen bieten muss, gibt es Steuer-Module. Mit diesen werden Parameter wie Wellenform, Klangfarbe oder Lautstärke automatisiert innerhalb des Synthesizers verändert oder – wie man in der Synthesizer-Sprache sagt – ›moduliert‹.

Audio-Module

Die Audio-Module eines ›normalen‹ analogen Synthesizers umfassen einen oder mehrere Oszillatoren, einen Mixer, ein Filter und einen Amplifier.

Verschiedene Synthesizermodelle unterscheiden sich voneinander vor allem in Anzahl und Ausstattung der Module, wobei der Soundforum-Synthesizer hier im guten Durchschnitt liegt. So hat er oberhalb der Selbstverständlichkeitsmarke zwei gut ausgestattete Oszillatoren und ein Multimode-Filter vorzuweisen.

Modul	*Funktion*	*Steuerbare Klangparameter*	*Aufgabe*
Oszillator	Erzeugt die Grundwellenformen.	Tonhöhe Wellenform	Tonerzeugung
Mixer	Mixt die Oszillatoren zusammen.	Klangfarbengemisch der Oszillatoren	Tonmischung
Filter	Filtercharakteristik programmieren.	Klangfarbe	Klangformung
Amplifier	Lautstärke programmieren.	Lautstärke	Lautstärkesteuerung

Diese Funktionstabelle zeigt, welche Aufgabe welches Audio-Modul übernimmt.

Man kann das Programmieren der Audio-Module so beschreiben:

- In den beiden Oszillatoren stellt man je eine Wellenform und eine Tonhöhe ein. Unterschiedliche Wellenform-Einstellungen beider Oszillatoren ergeben ein Wellenformgemisch, unterschiedliche Tonhöheneinstellungen eine Schwebung oder ein Intervall.
- Im Mixer werden die Oszillatoren zusammengemischt. Der Ausgang des Mixers ist eine Mischwellenform, die bereits Intervalle und Schwebungen enthalten kann. Die Klang-*Erzeugung* ist damit abgeschlossen.
- Das Mixersignal gelangt ins Filter. Dort wird aus der rohen Mischwellenform eine Klangfarbe geformt.
- Im Amplifier wird die Lautstärke des Signals geregelt. Er ist in fast allen Synthesizern unsichtbar, so auch hier.

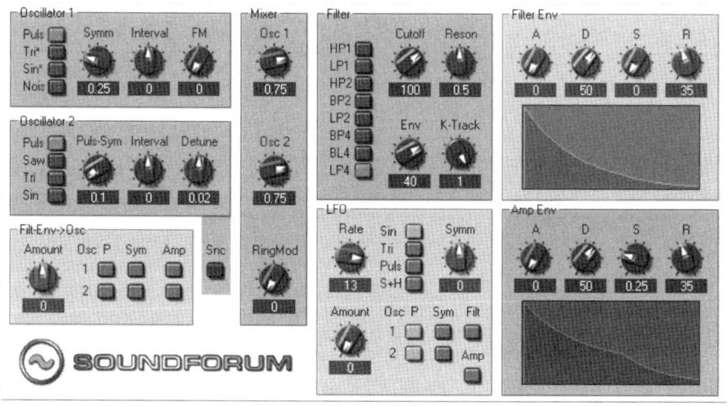

Die Audio-Module (dunkelgrau) und die Steuer-Module (hellgrau) des Soundforum-Synthesizers.

Die vorstehende Abbildung zeigt eine stilisierte Darstellung des Soundforum-Synthesizers. Die dunkelgrauen Module sind die Audio-Module. Der Signalfluss verläuft von links oben nach rechts unten.

Der überwiegende Teil der Synthesizer-Bedienoberflächen folgt diesem Layout-Schema, das erstmals beim guten alten Minimoog verwendet wurde.

Den Amplifier selbst sieht man in der Abbildung nicht. Er verbirgt sich aber hinter dem Modul ›Amp-Env‹, mit dessen Hilfe er gesteuert wird. Deshalb ist dieses Modul hier ebenfalls dunkelgrau eingefärbt.

Klangerzeugung und Klangformung

Exerzieren wir den Prozess aus der Funktionstabelle einmal am lebenden Objekt durch, und zwar genau dem Signalverlauf folgend.

Alle Schritte in den kommenden Abschnitten bauen übrigens aufeinander auf. Bitte löschen Sie den Sound also zwischendurch nicht, oder speichern Sie wenigstens die Zwischenschritte als Snapshots.

1 Rufen Sie Snapshot ›3 – Basic Saw‹ auf. Oscillator 1 erzeugt eine rohe Wellenform. Alle anderen Module sind noch nicht beteiligt.

2 Die Tonhöhe können Sie beeinflussen, und zwar durch die Note, die Sie spielen, oder den ›Interval‹-Regler.

3 Wechseln Sie die Wellenform von Oscillator 1, indem Sie einen der vier Schalter ›Puls‹, ›Tri‹, ›Sin‹ und ›Nois‹ anklicken. Wählen Sie zuletzt wieder ›Tri‹, und stellen Sie ›Symm‹ auf 1.

Nun bringen wir den zweiten Oszillator und den Mixer ins Spiel:

4 Regeln Sie ›Osc 2‹ im Mixer auf 0.8, und stellen Sie bei Oscillator 2 ›Interval‹ auf 12.

Aus der einfachen Wellenform ist nun eine Mischwellenform geworden. Durch den ›Detune‹-Wert von 0.02 im zweiten Oszillator wird zudem eine leichte Schwebung erzeugt.

Von der Klangerzeugung geht es jetzt an die Klangformung:

1 Regeln Sie ›Cutoff‹ im Filter auf 70.

Der Sound wird extrem dunkel.

2 Setzen Sie Resonance auf 0.85.

Dabei belassen wir es erst einmal. Sie hören, welch extremen Einfluss das Filter auf die Klangfarbe hat.

An dieser Stelle haben wir nun also ein Wellenformgemisch, dessen Klangfarbe durch das Filter bearbeitet wurde. Der resultierende Sound ist allerdings ziemlich statisch, um nicht zu sagen: langweilig. Doch es gibt ja die Steuer-Module ...

Steuer-Module

Steuer-Module sind die Bausteine des Synthesizers, die vom Audiosignal selbst nicht berührt werden. Sie sind einzig und allein dazu da, Steuersignale zu erzeugen, mit denen man Parameter der Audio-Module automatisieren kann.

Eine solche Steuerung kann zyklisch verlaufen (Vibrato, Tremolo) oder beim Anschlagen der Taste gestartet werden und dann einmalig durchgeführt werden (Hüllkurve).

Exkurs: Die Steuerspannung

Als Steuersignale werden in echten analogen Synthesizern analoge Spannungen verwendet. Die Module werden untereinander über Steuerspannungs-Eingänge verbunden. Durch das Prinzip einer einheitlichen Steuerspannung – diesen Geistesblitz sagt man übrigens Bob Moog nach – ist es möglich, praktisch jeden Parameter von jedem Signal im Synthesizer modulieren zu lassen.

Über Steuerspannungen lassen sich die Tonhöhen der Oszillatoren, die Eckfrequenz des Filters oder die Lautstärke direkt regeln.

Der Soundforum-Synthesizer und vergleichbare virtuell-analoge Synthesizer bilden dieses Prinzip exakt nach – in virtuellen modularen Synthesizern wie etwa dem Clavia Nord Modular sind sogar die Ein- und Ausgänge der Module am Bildschirm abgebildet und verkabelbar. Im Soundforum-Synthesizer sind diese Anschlüsse dagegen unsichtbar – jedenfalls fast. Auf das ›fast‹ kommen wir später noch zurück.

Klang automatisieren

Werfen Sie nochmals einen Blick auf die Abbildung auf Seite 102, und betrachten Sie die dort hellgrau dargestellten Steuer-Module. In unserem Beispielklang spielen diese Steuer-Module noch überhaupt keine Rolle. Sie kommen nämlich erst ins Spiel, wenn man sie ausdrücklich aktiviert. Und das tun wir jetzt einmal.

Zunächst versehen wir den Sound mit zeitlichen Verläufen: Wir möchten, dass er beim Tastenanschlag ›hochschnellt‹ und dann allmählich ausklingt. Das Ausklingen soll sich sowohl auf die Lautstärke als auch auf die Klangfarbe beziehen.

Zeitverläufe erzeugt man mit Hüllkurven (engl.: Envelopes). Im Soundforum-Synthesizer heißen die Hüllkurven dementsprechend ›Filter Env(elope)‹ und ›Amp Env(elope)‹.

1 Regeln Sie den Einfluss der Filter-Hüllkurve hoch, indem Sie im Modul ›Filter‹ den Regler ›Env‹ auf 100 setzen.

2 Nehmen Sie im Modul ›Filter Env‹ folgende Einstellungen vor: A: 20, D: 45, S: 0.55, R: 60.

3 Setzen Sie im Modul ›Amp Env‹ den Regler ›R(elease)‹ ebenfalls auf 60.

4 Schlagen Sie eine Taste an.

Der Klangverlauf ist deutlich hörbar: Die Filterfrequenz bewegt sich so, als ob Sie den Cutoff-Regler zunächst rapide auf- und dann langsam wieder zugedreht hätten. Diese Dreh-Arbeit nimmt Ihnen hier eine Hüllkurve ab. Sie reagiert auf das Anschlagen und Loslassen der Note.

Im Modul ›Amp Env‹ haben Sie mit dem ›R‹-Regler das lange Ausklingen nach dem Loslassen der Taste programmiert.

Nun fügen wir dem Sound noch eine zyklisch verlaufende Modulation hinzu, und zwar ein Vibrato:

1 Stellen Sie den ›Amount‹-Regler im Modul ›LFO‹ auf 0.13.

2 Klicken Sie auf den Taster ›Osc 2 P‹. Jetzt wird nur noch Oscillator 1 vom Vibrato beeinflusst. Warum das so ist, erfahren Sie im nächsten Abschnitt.

Der LFO ist – anders als die Hüllkurve – nicht auf das Anschlagen oder Loslassen von Noten angewiesen – er läuft endlos und unaufhaltsam vor sich hin. Im Soundforum-Synthesizer wird er beim Starten einer Note zurückgesetzt, in anderen Synthesizern kann man aber oft auch bestimmen, dass er davon unbeeinflusst bleiben soll.

Die Wirkung des LFOs auf einen Parameter ist ähnlich, als ob Sie kontinuierlich den betreffenden Regler hin- und herdrehen.

Modul	*Funktion*	*Parameter*	*Aufgabe*
Filter Env	Erzeugt einen Zeitverlauf der Filter-Cutoff-Frequenz; ist über ›Filt-Env→Osc‹ auch auf Oszillatoren schaltbar.	Einschwingzeit (Attack) Abklingzeit (Decay) Haltepegel (Sustain) Nachklingzeit (Release)	Klangfarbenverlauf
Filt Env→Osc	Ordnet die Filter-Hüllkurve verschiedenen Oszillator-Parametern zu.	Modulationsziele (schaltbar), Modulationstiefe (Amount)	Wellenform- oder Tonhöhenverläufe
Amp Env	Erzeugt einen Zeitverlauf der Lautstärke.	Einschwingzeit (Attack) Abklingzeit (Decay) Haltepegel (Sustain) Nachklingzeit (Release)	Lautstärkeverlauf
LFO	Erzeugt Modulations-schwingungen.	Wellenform, Symmetrie, Rate, Modulationsziele (schaltbar), Modulationstiefe (Amount)	Effekte (etwa Vibrato, Wah-Wah, Tremolo, Triller, Zufall)

Diese Funktionstabelle zeigt, welche Aufgabe welches Steuer-Modul übernimmt.

Steuer-Module aktivieren

Während das Modul ›Amp Env‹ praktisch immer aktiv ist, müssen die Steuersignale der Module ›LFO‹ und ›Filter Env‹ erst irgendeinem Parameter zugewiesen werden, um Einfluss auf den Klang nehmen zu können.

Mit dem Regler ›Env‹ im Filter-Modul regeln Sie den Einfluss der Filter-Hüllkurve auf die Cutoff-Frequenz.

Weiterhin lässt sich die Filter-Hüllkurve auch verschiedenen Parametern der Oszillatoren zuordnen. Dafür ist die Sektion ›Filt Env→Osc‹ zuständig.

Auch der LFO kann auf Oszillatoren, Filterfrequenz und Amplitude geschaltet werden. Im Snapshot ›Basic Saw‹ ist er beispielsweise auf die Oszillatoren geroutet.

Programmiert wird die Verknüpfung von Modulations-Quelle und Modulations-Ziel über eine Kombination aus Tastern, mit denen man gleichsam die internen Kabelverbindungen anlegt, und einem Amount-Regler, mit dem man die Stärke der Modulation bestimmt.

Ein Beispiel: Im ›LFO‹-Modul finden Sie einen Taster mit der Bezeichnung ›Filt‹. Mit diesem Taster ordnen Sie den LFO der Cutoff-Frequenz zu. Das bedeutet: Wenn Sie diesen Taster aktivieren, wird das LFO-Signal mit der Cutoff-Frequenz des Filters verbunden. Wie stark der LFO dabei die Cutoff-Frequenz beeinflusst, bestimmt der ›Amount‹-Regler.

Probieren wir die Verschaltung einfach einmal aus:

1 Klicken Sie im Beispielsound in der Sektion ›Filter-Env→Osc‹ den Taster ›Osc 2 P‹ an, und setzen Sie den ›Amount‹-Regler auf 1.

Das Ergebnis ist vielleicht nicht wohlklingend, dafür aber sehr demonstrativ – die Tonhöhe des zweiten Oszillators folgt jetzt dem Verlauf der Filter-Hüllkurve.

2 Weniger demonstrativ, dafür aber wohlklingender ist es, wenn Sie ›Osc 2 P‹ ausschalten und dafür ›Osc 2 Amp‹ aktivieren.

Nun klingt der zweite Oszillator etwas schneller aus, und die Filterwirkung wird vom Höreindruck her verstärkt.

3 Für einen deutlicheren Effekt setzen Sie die Pegel der Oszillatoren im Mixer auf 0.8 für ›Osc 1‹ und auf 1 für ›Osc 2‹.

Durch simples Wechseln der Zuordnung haben Sie also die Wirkung der Modulation drastisch abgewandelt.

Kurze Zusammenfassung

Wie eingangs erwähnt, ist der Zweck dieses Abschnitts, dass Sie das Zusammenspiel der Module im Soundforum-Synthesizer besser verstehen. Der Beispielsound, den wir im Laufe dieses Abschnitts gebastelt haben, sollte aussehen wie in der nachstehenden Abbildung – dann haben Sie alles richtig gemacht.

So sollte der Beispielsound aussehen.

Zum Schluss möchte ich Ihnen eine kleine Analyse dieses Sounds liefern, an die auch die Hausaufgabe anknüpft. Bitte vollziehen Sie die Analyse Satz für Satz auf der Bedienoberfläche des Synthesizers nach. Sollte er nicht zur Hand sein, ist die vorstehende Abbildung ein – wenn auch unzulänglicher – Ersatz. Ordnen Sie dabei die Beschreibungen den Parameter-Einstellungen zu.

Audio-Module

- Oscillator 1 und 2 erzeugen jeweils eine Sägezahnwelle. Sie sind gegeneinander oktaviert und leicht verstimmt.
- Das Filter ist ein 24-dB-Tiefpass mit hohem Resonanz-Wert. Es wird von der Filter-Hüllkurve moduliert.
- Die Lautstärke verläuft bis zum Loslassen neutral, danach klingt die Note langsam aus.

Steuer-Module

- Die Filter-Hüllkurve erzeugt beim Anschlag eine Spitze, bleibt dann auf halber Höhe stehen und blendet die Filterfrequenz nach Loslassen der Taste langsam nach unten.

- Der LFO erzeugt durch eine Sinuswelle eine leichte Tonhöhenmodulation (Vibrato). Dieses wirkt nur auf Oscillator 1 und verstärkt dadurch die Schwebung.
- Über das Modul ›Filt-Env→Osc‹ steuert die Filter-Hüllkurve zusätzlich die Lautstärke von Oscillator 2 (unabhängig von der Gesamtlautstärke), sodass er schneller verklingt.

War doch einfach, oder? Und damit zur Hausaufgabe:

1. Gehen Sie alle 20 Snapshots des Soundforum-Synthesizers einzeln durch. Analysieren Sie die Module – erst die Audio-Module, dann die Steuer-Module. Halten Sie das Ergebnis der Analyse am besten schriftlich fest.
2. Suchen Sie sich möglichst viele Lieblingssounds in Ihrem Lieblingssynthesizer aus – es muss kein ›analoger‹ sein – und analysieren Sie diese ebenfalls.

Sie werden überrascht sein, wie einfach das geht, und Sie werden die sieben Siegel vom Großen Buch der Klangsynthese förmlich absplittern hören.

Im nächsten Abschnitt gibt es einen Satz neue Snapshots, und wir starten den kompletten Durchlauf durch die einzelnen Module. Dabei werden wir alle – wirklich alle – Parameter praktisch testen.

Klangparameter im Detail

In diesem Abschnitt drehen wir an jedem Parameter und hören uns an, was er zu bieten hat.

Zu diesem Abschnitt gibt es eine Ergänzung der Snapshots. Das entsprechende Ensemble heißt *Tutorial.ens.* Laden Sie es über die Option *Open* im File-Menü. Es enthält alle alten und neuen Snapshots.

Oscillator 1

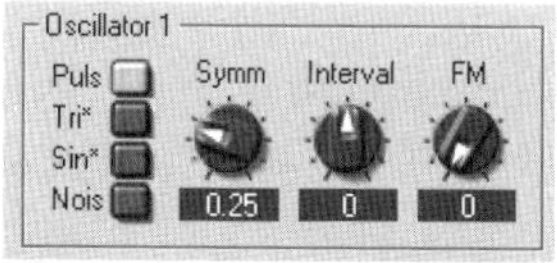

Oscillator 1.

Die beiden Oszillatoren des Soundforum-Synthesizers unterscheiden sich nur in einigen wenigen, aber sinnvollen Details.

◆ Laden Sie den Snapshot ›Oscillator 1‹.

Den Anfang machen die Schalter zur Anwahl der Wellenform. Zur Auswahl stehen Puls(e), Tri(angle) (Dreieck), Sin(us) und Nois(e) (Rauschen).

Puls

Die Pulswelle ist in der Breite stufenlos verstellbar, und zwar über den Symm-Regler.

1 Spielen Sie ein paar Töne.

In der Voreinstellung erzeugt der Oszillator jetzt eine Rechteckwelle – der Charme früher Videospiele wird wach.

Diese Wellenform heißt ›Rechteckwelle‹, weil Puls und Pulspause gleich breit sind – schauen Sie mal im Scope nach. Ihr typisch hohler Sound ist absolut charakteristisch für ›Telespiel‹- Sounds.

2 Drehen Sie während des Spielens den ›Symm‹-Regler auf.

Der Puls wird schmaler, und der Klang blendet dabei von ›hohl‹ nach ›nasal‹.

Pulswellen sind, wie wir in früheren Abschnitte schon gesehen haben, universell verwendbar.

Neben der Sägezahnwelle sind die Pulswellen die obertonreichsten und deshalb vor allem für durchsetzungskräftige Sounds aller Couleur geeignet.

Tri

Die Dreieckwelle ist eine recht obertonarme (dumpfe) Wellenform, die man gut zum Addieren von Bassanteilen oder für weiche Sounds einsetzen kann. Im Soundforum-Synthesizer gibt es eine Spezialität: Der ›Symm‹-Regler ›biegt‹ die Wellenform im Uhrzeigersinn, bis aus der dreieckigen Wellenform (daher der Name) eine Sägezahnwelle geworden ist.

1 Wählen Sie wieder den Original-Snapshot.

2 Schalten Sie um auf ›Tri‹.

3 Halten Sie einen Ton, drehen Sie den ›Symm‹-Regler auf, und beobachten Sie dabei das Scope.

So lässt sich hier der Obertonanteil und damit die Schärfe der Wellenform stufenlos regeln. Der resultierende Sägezahn ist scharf und schneidend.

Die Sägezahnwelle enthält alle Obertöne der harmonischen Reihe und eignet sich vor allem für Pads, Brass, Strings und ähnliche Vollwertsounds.

Sin

Der Sinus ist ein reiner Ton ohne irgendwelche Obertöne, ähnlich der Schwingung einer Stimmgabel. Wie die meisten sicher wissen, lässt sich jede Wellenform komplett in einzelne Sinusschwingungen unterschiedlicher Frequenz und Amplitude zerlegen – der Sinus ist also gleichsam das Atom der Klangsynthese.

Im Soundforum-Synthesizer lässt sich der Sinus per ›Symm‹-Regler ebenfalls stufenlos vom Sinus zum Sägezahn überblenden, allerdings gibt es einen wichtigen Unterschied: Der vom Sinus abgeleitete Sägezahn ist abgerundeter und voller als der Dreiecks-Kollege, eignet sich also besser für Bässe und Pads.

◆ Überprüfen Sie das direkt am Scope.

Nois

Last, but not least bietet Oscillator 1 noch Weißes Rauschen (White Noise) an. Gebraucht wird es typischerweise für so Sachen wie das Blasgeräusch der Panflöte, einen Snare-Teppich oder Wind, Brandung, Dampf etc.

Technisch gesehen ist Weißes Rauschen ein Signal, in dem alle Frequenzen zufällig vertreten sind, und zwar über einen Zeitraum hinweg statistisch in gleichen Anteilen – vergleichbar etwa mit dem weißen Licht als Summe aller Farben.

Symm

Diesen Regler haben wir bereits eingesetzt – er biegt die Tri- oder Sin-Welle im Uhrzeigersinn bei gleichzeitiger Verformung der Kurve und erzeugt dadurch Wellenformen mit zusätzlichen Obertönen.

Interval

Dieser Regler transponiert Oscillator 1 in Halbtonschritten.

FM

Im Abschnitt ›So klingt einfache FM‹ ab Seite 61 haben wir uns mit der Frequenzmodulation bereits näher beschäftigt. Um die Wirkungsweise dieses Reglers noch mal kurz nachzuvollziehen,

1 Wählen Sie zunächst Snapshot ›Oscillator FM‹.

Hier ist Oscillator 2 im Mixer aufgedreht. Warum? Weil er im FM-Pärchen Osc1/Osc2 der Träger oder ›Carrier‹ und Oscillator 1 der Modulator ist.

Der ›FM‹-Regler bestimmt, mit welcher ›Lautstärke‹ der Ausgang von Oscillator 1 in den Frequenz-Eingang von Oscillator 2 geleitet wird. Praktisch wirkt sich das als Modulationsstärke aus.

Der ›FM‹-Regler bestimmt also den Obertonreichtum des resultierenden Klangspektrums, der ›Interval‹-Regler von Oscillator 1 die Obertonverteilung (Klangfarbe).

2 Probieren Sie das praktisch aus, indem Sie mit beiden Reglern experimentieren.

Die Wellenformen beider Oszillatoren bestimmen ebenfalls die resultierende Klangfarbe.

Tipp: Probieren Sie mal Weißes Rauschen (Noise) mit geringem FM-Wert aus.

Oscillator 2

Hier müssen wir uns nur die Unterschiede zu Oscillator 1 ansehen:

- Der ›Puls-Sym‹-Regler regelt nur die Pulsbreite.
- Es gibt eine feste Sägezahnwelle.
- Die Wellenformen ›Tri‹ und ›Sin‹ sind nicht in der Symmetrie regelbar.
- Es gibt zusätzlich den Regler ›Detune‹.

Detune

Mit diesem Regler können Sie Oscillator 2 fast stufenlos verstimmen. Das ›fast‹ bezieht sich darauf, dass der Wert nicht völlig stufenlos, sondern gerastert ist, wenn auch in Hundertsteln einer Ganztonstufe (Cents). Die Verstimmung macht natürlich nur im Zusammenspiel mit Oscillator 1 Sinn, denn dann wird sie als Schwebung hörbar.

1 Wählen Sie Snapshot ›Oscillator Detune‹, und probieren Sie den Schwebungseffekt aus.

Am stärksten tritt er hervor, wenn für beide Oszillatoren die Einstellungen von Wellenform, Lautstärke und ›Interval‹ identisch sind und die Wellenform möglichst viele Obertöne enthält.

Mixer

Ich denke, bis auf den Parameter ›RingMod‹ dürfte der Mixer selbsterklärend sein. Lediglich der Tipp, dass man nie beide Oszillatoren gleichzeitig auf vollen Level (1) drehen sollte, weil dann der Synthesizer oft verzerrt, erscheint mir hier noch einer Erwähnung wert.

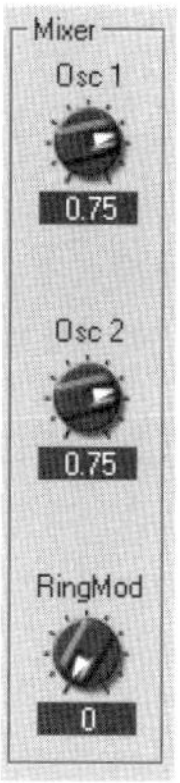

Mixer

RingMod

Die Ringmodulation hatten wir bereits im Abschnitt ›Ringmodulation‹ ab Seite 75 gewürdigt. An dieser Stelle möchte ich nur noch mal kurz erklären, was der Regler bewirkt:

- Im Inneren des Soundforum-Synthesizers gibt es ein kleines unsichtbares Modul, das die Ausgangssignale von Oscillator 1 und Oscillator 2 miteinander multipliziert.
- Der ›RingMod‹-Regler mischt den Ausgang dieses Signals den beiden Oszillatorsignalen hinzu.

Wie die Ringmodulation klingt, können Sie selbst herausfinden:

1. Wählen Sie Snapshot ›Mixer RingMod‹ aus.
2. Drehen Sie an den ›Interval‹- und ›Symm‹-Reglern beider Oszillatoren.
3. Natürlich sollten Sie auch das Experimentieren mit verschiedenen Wellenformen nicht vergessen.

Filter

Glaubt man den Diskussionen in Analogerotiker-Foren, ist das Filter der wichtigste Baustein des Synthesizers. Manche halten das für ausgemachten Quatsch, und wir halten uns, wenn auch nicht heraus, so doch zumindest an die Fakten:

Das Filter im Soundforum-Synthesizer ist ein recht luxuriöses, so genanntes Multimode-Modell. Das bedeutet: Die Filtercharakteristik ist nicht wie bei einfachen Filtern fest vorgegeben, sondern wählbar.

Das Filter-Modul des Soundforum-Synthesizers.

Dazu gibt es links im Filtermodul acht Schalter, die jeweils mit zwei Buchstaben und einer Zahl beschriftet sind.

Wie lesen wir diese Bezeichnungen? So:

- Der erste Buchstabe bezeichnet den Filtermodus selbst: Lowpass (L), Bandpass (B) oder Highpass (H). Bis auf den kombinierten Band/Lowpass (BL) bleibt der mittlere Buchstabe immer ein ›P‹ für ›Pass‹.
- Die Zahl an dritter Stelle der Bezeichnung steht für die Anzahl der hintereinander geschalteten Einzelfilter (Pole). Jeder dieser Filterpole erzeugt eine Flankensteilheit von 6 dB pro Oktave, ein 4-Pol-Filter ist damit das steilste, nämlich 24 dB/Oktave.

Exkurs zur Flankensteilheit

Die Frequenz, ab der das Filter zu wirken beginnt, ist die Cutoff-Frequenz. Eine Flankensteilheit von 12 dB/Oktave bedeutet: Frequenzanteile im Audiosignal, die eine Oktave von der Cutoff-Frequenz entfernt liegen, werden um 12 dB abgesenkt. Hören geht über lesen, deshalb hier ein Experiment:

1 Wählen Sie den Snapshot ›Filter Slope Test‹.

Damit testen wir die Flankensteilheit (engl.: Slope). Dieser Snapshot ist so eingestellt, dass das Signal von Oscillator 1 – eine Sinuswelle – ziemlich genau eine Oktave oberhalb der Cutoff-Frequenz liegt, wenn Sie am Computer [T] oder auf dem MIDI-Keyboard die Notennummer 55/G2 drücken.

2 Schalten Sie das Filter abwechselnd zwischen LP1, LP2 und LP4 hin und her, und tippen Sie ein [T] bzw. spielen Sie ein G2.

Im LP-Modus (Lowpass bedeutet Tiefpass) lässt das Filter nur die Anteile unterhalb der Cutoff-Frequenz unverändert passieren. Oberhalb der Cutoff-Frequenz setzt die Filterwirkung ein. Deshalb wird das Tiefpass-Filter auch gern etwas unscharf mit einem Höhenregler verglichen.

Sie werden feststellen, dass LP1 den schwächsten Effekt hat (6 dB Absenkung), LP2 schon stärker wirkt (12 dB) und LP4 den Ton extrem absenkt (24 dB).

3 Setzen Sie jetzt ›Interval‹ für Oscillator 1 auf 24. Nun beträgt die Absenkung 12 dB bei LP1, 24 dB bei LP2 und 48 dB bei LP4 (da zwei Oktaven zwischen Cutoff und Audiosignal liegen).

Ein weiteres kleines Experiment:

1 Setzen Sie ›Interval‹ auf –12.

Cutoff- und Oszillatorfrequenz sind jetzt identisch.

2 Spielen Sie die Note G2 (Taste [T]), und drehen Sie ›Interval‹-Regler in Oszillator 1 langsam auf.

Je weiter Sie den Regler aufdrehen, desto leiser wird der Ton, denn desto weiter entfernt sich die Oszillator- von der Cutoff-Frequenz.

Filtermodus

Das HP1-Filter etwa ist also – wie wir jetzt wissen – ein Hochpass-Filter mit 6 dB/Oktave Flankensteilheit, ein BP4 dagegen ein Bandpass-Filter mit 24 dB/Oktave.

Was aber bedeuten Tief-, Hoch- und Bandpass?

- Tiefpass haben wir oben erklärt: Er filtert die Anteile oberhalb der Cutoff-Frequenz (›Höhen‹).
- Der Hochpass macht genau das Umgekehrte, dämpft also unterhalb der Cutoff-Frequenz (›Tiefen‹).
- Der Bandpass ist eine Kombination aus beiden und lässt nur ein schmales Frequenzband um die Cutoff-Frequenz durch.

Zu viel Theorie, deshalb wieder ein Experiment:

1 Wählen Sie den Snapshot ›Filter – Mode Test‹.

Grundsignal hier ist ein Weißes Rauschen. Dieses Signal ermöglicht es uns wie kein anderes, den ›Filterklang‹ unverfälscht zu hören, da alle Frequenzanteile gleichmäßig vertreten sind.

2 Drehen Sie den ›Cutoff‹-Regler hin und her, und lauschen Sie genau hin.

Den fettigen, schmatzenden Klangcharakter erzeugt die halb aufgedrehte Filterresonanz, zu der wir gleich noch kommen. Und nun das eigentliche Experiment:

3 Schalten Sie nacheinander alle Filtermodi durch und verschaffen Sie sich einen Eindruck von ihrer Wirkung.

4 Gleichen Sie Ihre Eindrücke mit der nachstehenden Tabelle ab.

Cutoff-Wert	0	70	140
Modus	*Filter lässt durch …*		
HP	alles	Mitten und Höhen	nur Höhen
LP	nur Tiefen	Tiefen und Mitten	alles
BP	nur Tiefen	nur Mitten	nur Höhen

Welche Filterwirkung hat welcher Filtermodus?

Folgendes sollten Sie noch wissen:

- ❖ Ein Bandpass setzt sich aus einem Hoch- und einem Tiefpass zusammen.
- ❖ Die Sonderkombination BL4 setzt sich aus einem 6-dB-Hochpass und einem 18-dB-Tiefpass zusammen. Das klingt oft ›musikalischer‹ als die BP4-Variante, weil dieses Filter die Höhen schön dämpft, die Tiefen aber ein wenig schonender behandelt.

So, soviel Filterkunde musste sein. Nun können wir uns wieder den eigentlichen Parametern widmen.

Resonance

Die Filterresonanz ist zwar nur ein kleiner, bescheidener Knopf unter vielen, aber letztlich das, was einen Sound unverwechselbar nach Synthesizer klingen lässt.

Technisch gesehen betont die Resonanz das Signal im Bereich der Cutoff-Frequenz. Am besten hören Sie einfach mal zu:

1 Rufen Sie den Snapshot ›Filter Resonance Test‹ auf. Auch hier wieder das Weiße Rauschen.

2 Halten Sie eine Note, steigern Sie die Resonanz, und drehen Sie jedes Mal den Cutoff-Regler hin und her.

3 Probieren Sie dies in verschiedenen Filtermodi aus.

Wenn Sie möchten, können Sie auch zwischenzeitlich auf Sägezahn oder Pulswelle schalten. Mit steigender Resonanz scheint das Filter ›schärfer‹ zu werden, tatsächlich aber werden die Frequenzanteile im Bereich der Cutoff-Frequenz schmalbandig verstärkt – die Filterwirkung bleibt dieselbe.

4 Ganz am Ende drehen Sie die Resonanz auf 1.

Ein so hoher Resonanzwert versetzt das Filter in eine Eigenschwingung, die Sie nicht nur hören, sondern auch spielen können – eine Art dritter Oszillator also.

K-Track

Dieser Parameter ist dafür verantwortlich, dass Sie das Filter wie einen Oszillator spielen können. K-Track heißt ausgeschrieben ›Keyboard Tracking‹ und auf deutsch so etwas wie ›mit der Tastatur mitlaufen‹.

Je weiter dieser Regler aufgedreht ist, desto stärker wirkt die Transposition der Tastatur auf die Cutoff-Frequenz. Besonders bei Instrumentensounds ist das wünschenswert, da sonst tiefe Töne zu hell, hohe Töne jedoch dumpf klängen. Kleines Experiment:

1 Wählen Sie den Snapshot ›Filter K-Track‹ aus.

Dieser Orgelsound wird aus den beiden oktavierten Oszillatoren gebildet, denen das Filter als dritter, die 2 2/3-Fußlage bildender Sinuston hinzugemischt ist.

2 Halten Sie die Computertaste [i]

3 Drehen Sie den Regler ›K-Track‹ herunter. Die Cutoff-Frequenz verschiebt sich. Gleichen Sie sie durch Aufdrehen des ›Cutoff‹-Reglers auf 92 aus.

4 Wenn Sie bei K-Track = 0 nun verschiedene Töne spielen, wird das Filter nicht mehr mittransponiert, die Klangfarbe bleibt über den gesamten Tonumfang gleich.

Bei deaktiviertem K-Track wirken tiefe Töne heller als hohe, denn ihr Grundton ist von der Cutoff-Frequenz – relativ gesehen – weiter entfernt.

Tipp: Bei hohen Resonanzwerten sollten Sie den Master-Level ein wenig absenken, sonst zerrt's gern mal unangenehm.

Einen Regler haben wir ›vergessen‹, und das bewusst: ›Env‹. Das steigert die Vorfreude auf die nächsten Abschnitte, denn dort kommen die Hüllkurven, der LFO und die Modulationssektion dran.

Amp Env

Im Modul ›Amp Env‹ können wir dem Sound einen Lautstärkeverlauf über die Zeit geben, also Zeiten und Pegel für Einschwingen (A), Abklingen (D), Halten (S) und Nachklingen (R) bestimmen. Damit haben wir die Parameter-Funktionen übrigens bereits übersetzt.

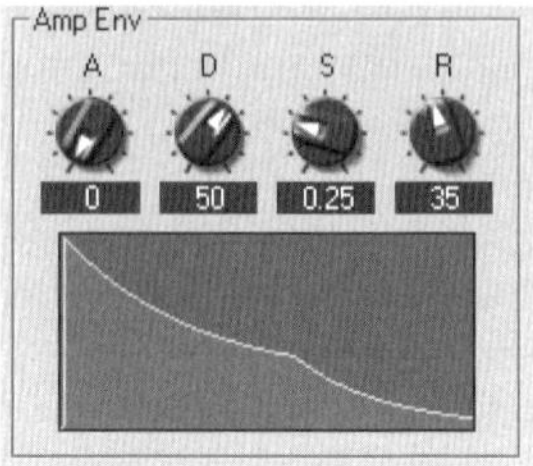

Eine einfache ADSR-Hüllkurve (›Amp Env‹) erzeugt den Lautstärkeverlauf.

1 Laden Sie den Snapshot ›28 – Amp Envelope Test‹.

Ich habe mir Mühe gegeben, die Hüllkurve so zu programmieren, dass man den Verlauf sowohl hören als auch sehen kann.

2 Spielen Sie eine Note im mittleren Bereich, und verfolgen Sie den Lautstärkeverlauf auf drei Ebenen: akustisch, optisch in der Kurvengrafik, optisch auf dem Scope.

Und nun verfolgen Sie seinen Lauf durch die Phasen:

1 Die Lautstärke steigt zunächst an (Attack: Regler A).

2 Anschließend fällt sie abrupt ab (Decay: Regler D auf 0).

3 Sie bleibt auf einem niedrigen Pegel stehen (Sustain: Regler S).

4 Nach Loslassen der Taste klingt sie aus (Release: Regler R).

Eine solche Hüllkurve nennt man ADSR-Hüllkurve. Die Bezeichnung setzt sich aus den vier festgelegten Phasen zusammen:

1 Attack: Einschwingzeit,

2 Decay: Abklingzeit,

3 Sustain: Haltepegel,

4 Release: Nachklingzeit.

Folgende Besonderheiten muss man wissen:

- Bis auf den Sustain-Regler, der den Halte*pegel* bis zum Loslassen der Note bestimmt, steuern alle ADSR-Regler *Zeiten*.
- Die ADS-Phasen werden durchlaufen, während eine Note gehalten wird. Nach dem Loslassen geht die Hüllkurve in die Nachklingphase (Release) über. Release heißt auf Deutsch nichts anderes als ›Loslassen‹, wird in Synthesizer-akademischen Kreisen aber auch gern als ›Freigabe‹ bezeichnet, damit es möglichst wenige verstehen.

Warum aber ein vorgegebener Verlauf? Nun, die ADSR-Hüllkurve genügt für einen Großteil aller in der Praxis gewünschten Kurven und ist sehr einfach zu programmieren. Von Anfängern geliebt, von Sounddesignern gehasst, hat sie sich aus analogen Zeiten bis heute herüber gerettet.

Komplexe digitale Synthesizer arbeiten oft mit frei programmierbaren Phasen – hier sind Übergangszeiten und Endpegel frei einstellbar.

Soviel zum Grundwissen. Die nachstehende Tabelle zeigt Ihnen einige ADSR-Einstellungen und die Bezeichnungen für Instrumente, deren Lautstärkeverläufe diesen Einstellungen in etwa entsprechen, damit Sie einen Anhaltspunkt haben.

Programmieren Sie die Einstellungen mit Snapshot 28 nach und variieren Sie sie, damit Sie ein Gefühl für Hüllkurven bekommen.

Instrument	*A*	*D*	*S*	*R*
Piano	0	65	0	25
Harfe	0	40	0	40
Xylophon	0	25	0	25
Orgel	0	0	1	0
Pfeifenorgel	20	50	0.8	20
Streicher	40	50	0.85	20
Bläser	25	30	0.7	15
Rückwärts	50	0	0	0
Long Pad	65	0	1	65

Tabelle einiger typischer Lautstärkeverläufe (Amp Envelope).

Ein paar Bemerkungen zu den Kurven in der Tabelle:

- Wenn – wie bei der Harfe – Decay- und Release-Zeit identisch sind, macht es keinen Unterschied, wie lange Sie die Taste drücken. Anders ist es beim Piano.
- Kleine Sprünge wie die beim Decay von Pfeifenorgel, Streichern oder Bläsern hört man in der Lautstärkekurve kaum – aber warten wir mal die Filter-Hüllkurve ab!

- Alle Einstellungen sind nur vereinfachte Anhaltspunkte und von Instrument zu Instrument unterschiedlich, bei echten Instrumenten auch noch von Tonlage zu Tonlage.

Filter Env

Die Hüllkurve für das Filter ist identisch zur Amplituden-Hüllkurve aufgebaut, doch gibt es drei entscheidende Unterschiede:

- Die Filter-Hüllkurve steuert die Cutoff-Frequenz und damit den Klangfarbenverlauf.
- Während die Amplituden-Hüllkurve sich immer hundertprozentig auf die Amplitude auswirkt (wie ein Insert-Effekt), lässt sich der Einfluss der Filter-Hüllkurve mit dem ›Env‹-Regler variieren oder ganz ausschalten.
- Die Filter-Hüllkurve kann umgekehrt werden, indem man den ›Env‹-Regler auf einen negativen Wert setzt.

1 Laden Sie Snapshot ›29 – Filter Envelope Test‹, der die Filter-Hüllkurve und das Filter entsprechend vorprogrammiert.

Voreingestellt ist derselbe Verlauf, den wir zuvor in der Amplituden-Hüllkurve hatten. Indem Sie zwischen den Snapshots 28 und 29 umschalten, können Sie selbst nachvollziehen, wie viel deutlicher ein Kurvenverlauf hörbar ist, wenn er auf das Filter statt auf die Lautstärke wirkt.

Die folgende Tabelle zeigt ein paar typische Filtereinstellungen. Sie sehen, dass es nicht reicht, nur die ADSR-Parameter einzustellen, sondern dass auch die anderen Parameter eine Rolle spielen.

2 Stellen Sie nacheinander die Vorgaben aus der Tabelle ein. Snapshots habe ich hier bewusst nicht vorprogrammiert, da die ganze Hüllkurve auf einmal nicht denselben Lerneffekt hat wie das schrittweise Einstellen. Testen Sie während des Einstellens auch immer einmal die Zwischenvarianten.

Instrument	*Cut*	*Reso*	*Env*	*A*	*D*	*S*	*R*
Piano/Perc	60	0	60	0	65	0	25
Disco-Bass	45	0.45	100	0	40	0.5	35
Techno-Bass	65	0.8	50	0	20	0	20
Long Drone	45	0.5	85	0	75	0	75
Brass	70	0	100	25	50	0.5	10
Duck	70	0.7	70	30	50	0.25	50
Lead	80	0.25	55	10	45	0.6	0
Sweep	60	0.7	100	55	65	0	55
Reso Blip	50	1	100	20	35	0	20
Double Attack	120	0	–100	40	0	0	80
Echo	85	0	–100	50	0	1	0

Tabelle einiger typischer Filterverläufe (Filter Envelope).

3 Schalten Sie in jeder Einstellung auch einmal auf Band- oder Hochpass, und achten Sie auf die klanglichen Unterschiede.

Filt-Env→Osc

In dieser Sektion des Soundforum-Synthesizers können Sie den Verlauf der Filter-Hüllkurve nutzen, um Tonhöhe, Wellenform und Lautstärke der Oszillatoren zu modulieren.

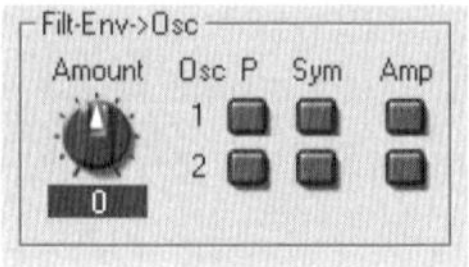

Mit diesem Modul können Sie die Filter-Hüllkurve flexibel zur Modulation einsetzen.

1 Wählen Sie Snapshot ›30 – Filt Env→Osc Test‹.

Wieder ist der Verlauf programmiert, den Sie bereits bei Filter und Lautstärke gehört haben.

Man kann klar feststellen: Bei der Tonhöhe ist der Verlauf einer Hüllkurve noch deutlicher hörbar als bei Klangfarbe oder Lautstärke.

Die Parameter im Modul ›Filt-Env→Osc‹ haben folgende Bedeutung:

❖ Der ›Amount‹-Regler stellt ein, wie stark die Filter-Hüllkurve am Eingang des Moduls durchgelassen wird – regelt also die Modulationsstärke.

❖ ›Osc P‹ steht für ›Pitch‹, ›Sym‹ für ›Symmetry‹ und ›Amp‹ für ›Amplitude‹.

Indem Sie einen Schalter aktivieren, schalten Sie die Modulation auf den betreffenden Parameter durch. Durch das Aktivieren von ›Osc 2 Amp‹ bewirken Sie also, dass die Filter-Hüllkurve die Amplitude (Lautstärke) von Oscillator 2 moduliert, mit ›Osc 1 Sym‹ moduliert die Hüllkurve dagegen die Symmetrie in Oscillator 1, bei der Puls-Wellenform also beispielsweise die Pulsbreite.

2 Klicken Sie im Snapshot 30 nacheinander auf die Schalter ›Sym‹ und ›Amp‹ in der Zeile ›Osc 1‹. Alles klar?

Mit der Anwendung dieser Modulationen werden wir uns ausführlich im weiteren Verlauf des Buches beschäftigen. Ein paar Snapshots habe ich aber trotzdem schon einmal für Sie vorbereitet:

❖ Snapshot 31 zeigt Ihnen, wie das Zusammenspiel von Filter-Hüllkurve und Tonhöhe bei eingeschalteter Sync-Funktion richtig heftige Obertonverläufe erzeugen kann.

❖ Snapshot 32 demonstriert den Brass-Effekt, der dadurch entsteht, dass einer der beiden Oszillatoren in der Attack/Decay-Phase eine schwache Tonhöhenkurve vollzieht.

❖ Snapshot 33 ist ein Synthesizer-Bass mit nur einem Oszillator. Durch die Pulsbreitenmodulation der Filter-Hüllkurve klingt es jedoch so, als seien zwei Oszillatoren im Spiel.

❖ In Snapshot 34 bestimmt die Filter-Hüllkurve die Klangfarbe, indem sie die Lautstärke von Oscillator 1 und damit den FM-Anteil steuert. Heraus kommt das klassische FM-Piano – gebaut mit einem einfachen analogen Synthesizer.

LFO

Die zentrale Modulationsquelle im Soundforum-Synthesizer ist der LFO. Er erzeugt keinen Zeitverlauf wie eine Hüllkurve, sondern eine sich zyklisch wiederholende Kurvenform.

Der LFO im Soundforum-Synthesizer ist recht einfach gestrickt. Bei allen Parametern geht es im Wesentlichen um Einstellung von Rate (Geschwindigkeit, Frequenz), Wahl und Variation der Wellenform sowie die Zuweisung auf ein Modulationsziel.

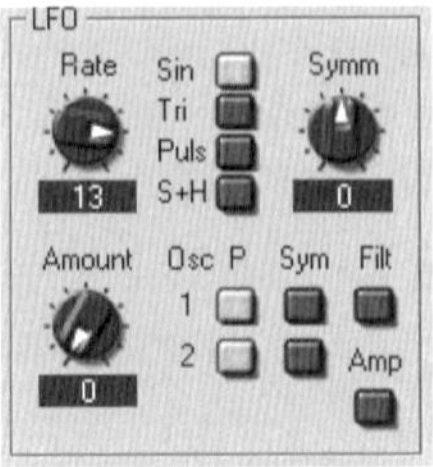

Die Modulationszentrale jedes Synthesizers ist der LFO.

1 Laden Sie Snapshot ›35 LFO Test‹.

Mit diesem Snapshot können Sie alle Parameter im LFO direkt ausprobieren und ihren Einfluss auf den Sound hören.

2 Beim Lesen der folgenden Parameter-Beschreibungen drehen und klicken Sie bitte immer zum Ausprobieren mit. Wählen Sie nach jedem Parameter den Ursprungs-Snapshot wieder an.

Rate

Dieser Parameter bestimmt die Geschwindigkeit der Modulation. Dass der Wert auch negativ sein kann, ist übrigens kein Bug (siehe Kontext-Hilfe im Soundforum-Synthesizer).

Werte im negativen Bereich eignen sich eher für sphärische, schwebende Modulationen, positive Werte für alles Rotierende (Vibrato, fette PWM, Rotoreffekt).

Amount

Keine Fragen, oder? Ich möchte nur bemerken, dass der Amount auf maximal 0.16 eingestellt sein sollte, wenn Sie eine Pitch-Modulation (Vibrato) eingestellt haben und das Ergebnis noch einigermaßen tonal spielbar sein soll.

LFO-Wellenform

Hier kommen wir zum entscheidenden Parameter: Im Gegensatz zum normalen Oszillator hat die Wellenform im LFO keinen Einfluss auf die Klangfarbe, sondern vielmehr auf den Charakter der Modulation:

- Sine: weiche, abgerundete Schwingung, etwa für Vibrato.
- Tri: weiche Schwingung, aber nicht so rund wie Sinus.
- Puls: Wechselschaltung für Triller oder Echo-Effekte.
- S+H: Zufallswerte (Sample & Hold), abrupte Umschaltung.

Symm

Sehr interessant und in anderen Synthesizern äußerst selten zu finden ist die Möglichkeit, die Symmetrie der LFO-Wellenformen stufenlos zu regeln. Dadurch können Sie aus einer Sinus- oder Dreieckswelle einen positiven oder negativen Sägezahn machen oder der Pulswelle Schlagseite zufügen. Probieren Sie es aus. Wir werden dieses Feature noch ausgiebig nutzen.

LFO-Matrix

Eine derartige Schalter-Matrix kennen Sie ja bereits aus dem Modul ›Filt-Env→Osc‹. Im LFO funktioniert sie genauso.

1 Wählen Sie Snapshot 35.

2 Klicken Sie die Schalter der oberen Reihe (Osc 1) sowie ›Filt‹ und ›Amp‹ an – das dürfte die Möglichkeiten illustrieren.

Die nachstehende Tabelle zeigt Ihnen, welche LFO-Einstellungen welchen Effekt erzeugen. Geben Sie die Parameter nacheinander ein, und achten Sie auch auf die Zwischenergebnisse. Ausgangspunkt für jede Einstellung ist Snapshot 35.

Effekt	*Rate*	*Amt*	*Wave*	*Sym*	*Matrix*
Vibrato	14.5	0.12	Tri	0	P
Triller	10.5	0.2	Puls	0	P
Laser	20	0.6	Tri	–0.99	P
PWM	8.5	0.5	Sin	0	Sym
WahWah	11	0.5	Sin	0	Sym
Filter Echo	5	0.7	Tri	–0.99	Filt
Tremolo	14.5	0.8	Sin	0	Amp
Rückwärts	8	1.0	Tri	0.99	Amp
Hacker	9.5	0.6	Puls	–0.6	P, Filt, Amp
Computerbild	15.5	0.8	S+H	0	P, Filt

Einige typische LFO-Effekte.

Stellen Sie die Effekte in der Tabelle nacheinander nach. Variieren Sie sie auch – ich verspreche Ihnen: Ein paar Synthesizersounds, die Sie bisher für Zauberei gehalten haben, werden Ihnen plötzlich durchschaubar vorkommen.

7

Soundprogramming für Fortgeschrittene

Wie kriege ich meine Sounds fett, breit, warm, dreckig, freundlich, sahnig, lebendig, böse, knackig? Das fragen angehende Synthesizer-Programmierer immer wieder in den Online-Foren dieser Welt. Und selbst eingefleischte Profis müssen da oft passen.

In Leserbriefen wurde ich immer wieder nach einem Soundprogrammier-Kurs gefragt, der anderen Leuten beibringt, wie Profis Sounds programmieren.

Abgesehen davon, dass das ohnehin eine schwierige Sache ist: Ohne eine für alle verfügbare Plattform wie den Soundforum-Synthesizer war dies schlicht ein unmögliches Unterfangen, denn ohne ›anfassbare‹ Beispiele geht hier gar nichts.

Und so möchte ich nach dem großen Aufwärmen der ersten Kapitel und dem Innehalten in Form des Soundforum-Synthesizer-Tutorials nun das große Projekt angehen, Ihnen Soundprogramming-Fähigkeiten beizubringen, die sogar den Level vieler übersteigen, die mit Soundprogramming Geld verdienen.

›Wenn man Soundprogrammierung anderen beibringen kann‹, wird der kritische Leser fragen, ›warum haben das dann Hunderte vorangegangener Workshops und Bücher nicht geschafft?‹

Meine Vermutung: Weil sie sich immer darauf beschränkt haben, den Synthesizer selbst zu erklären. Immer Oszillator, Filter, Hüllkurve. LFO. Ein bisschen ist das so, als wolle man jemanden zum Romanautoren ausbilden und belässt es beim Üben der Rechtschreibung.

Ich habe mir viele Gedanken darüber gemacht, wie man Soundprogrammierung ›lehrt‹. Und ich stimme mit der ›klassischen Lehrmeinung‹ bis zu dem Punkt überein, dass das Wissen um die Funktion des Synthesizers eine Voraussetzung ist – man muss sein Werkzeug bzw. seinen ›Gegner‹ kennen. Diese Voraussetzung dürfte bei Ihnen, wenn Sie an dieser Stelle des Buches angekommen sind, jedoch erfüllt sein.

Jetzt kommt aber erst der schwierige, wichtigere Teil: die Kunst, sich Klänge vorzustellen und diese dann auf einem Synthesizer umzusetzen.

Aufgemerkt – zentraler Satz:

Ein guter Soundprogrammierer muss einen Sound hören können, *bevor* er ihn programmiert hat, und er kennt den Weg dahin vorher.

Mit Versuch und Irrtum kommt man zwar auf eine Menge überraschender Ergebnisse. Dass zu Versuch und Irrtum aber auch gewisse Fähigkeiten gehören, die den Faktor ›Irrtum‹ in Grenzen halten, zeigen die Frankenstein-Sounds, die von Zufalls-Algorithmen in Sound-Editoren hervorgebracht werden.

Ich will versuchen, Ihnen diese Fähigkeit anzutrainieren, und Sie sollen sie anschließend auch auf anderen Synthesizern einsetzen können. Einen Führerschein macht man ja auch nicht nur für das Fahrschul-Auto.

Der Einstieg

Lassen wir es erst einmal ruhig angehen: Betrachten wir, worum es beim Soundprogramming *eigentlich* geht und welches ›Geheimnis‹ einen guten von einem weniger guten Soundprogrammierer unterscheidet.

Die Herausforderung

Mit dem Aufkommen der modernen elektronischen Musik – angefangen mit Techno – geraten die klassischen Synthesizer-Sounds immer mehr ins Hintertreffen. Für die Sounds, die in Musikrichtungen wie eben Techno, Trance, House, Ambient etc. eingesetzt werden, gibt es nämlich selten Vorbilder.

Selbst in der Musik von Kraftwerk, Vangelis oder Jean-Michel Jarre findet man noch beschreibbare Parallelen, zu erkennen an den Bezeichnungen für solche Sounds: ›String Orchestra‹, ›Minimoog Bass‹, ›DX E-Piano‹ oder ›Synthbrass‹. Heute aber kann man mit solchen Parallelen aus der Instrumentenkunde nicht mal die Sounds auf einer Madonna-CD beschreiben, und die Dame ist des Extremen nun wirklich unverdächtig. Da wollen wir von dem üblichen Instrumentarium zeitgenössischer elektronischer Musik mal gar nicht reden.

Das macht das Ganze auf der einen Seite interessanter, stellt aber auf der anderen Seite neue Herausforderungen an Soundprogrammierer.

Sinneswahrnehmung

Soundprogrammierung hat viel damit zu tun, eine Vorstellung vom Klang zu haben. Wie aber lässt sich die greifen oder beschreiben? Mit dem Oszilloskop sicher nicht, und ebenso wenig mit einer Parametertabelle.

Vielmehr werden oft Begriffe aus der Welt der Sinne benutzt, um Sounds zu beschreiben. Denn was man hört, kann in der Wahrnehmung ein Gefühl oder ein Bild auslösen. Die meisten Begriffe, die zur Beschreibung von Sounds benutzt werden, stammen aus der Welt von Tasten, Sehen, Schmecken:

- Einen knackigen, drahtigen Bass kann man förmlich zuschnappen fühlen.
- Eine warme, breite Fläche kann ein Bild von Strand und Sonne erzeugen.
- Was eine harte, fette Bratgitarre ist, kann sich nicht nur ein Pommesbuden-Besitzer denken.
- Aber auch negative Attribute wie blechern, dünn oder steril werden oft im Zusammenhang mit Sounds benutzt.

Ob und wie solche Eigenschaften wahrgenommen werden, beeinflusst nach meiner Erfahrung maßgeblich den Soundgeschmack. Wird ein Sound mit einer angenehmen Sinneswahrnehmung in Verbindung gebracht, findet man ihn gut – und umgekehrt.

Die Macht der Gewohnheit

Das bringt auch eines der größten Paradoxe mit sich: Obwohl alle Welt immer wieder nach ›nie gehörten‹ Sounds verlangt (die es übrigens schon immer jedes Jahr zu Tausenden gibt), sind die populärsten Sounds eben die, mit denen man eine Erinnerung oder einen unbewussten Vergleich verbinden kann.

Klavier, Streichorchester, akustisches Schlagzeug – die Renner unter den Sample-CD-ROMs.

Auch der Herdentrieb spielt eine Rolle: Wer in den Achtzigern auf Dutzenden von Hits plötzlich das DX7-E-Piano gehört hatte, wollte es eben selbst spielen und am Erfolg teilhaben.

Der röchelige ›Shamus Theme‹-Sound des Roland D-50, meiner Meinung nach eine der im Wesen dümmsten Synthese-Kreationen der Welt, ist selbst durch weitaus bessere Substitute nicht tot zu kriegen – weil man ihn in Welthits, Filmmusiken und Werbung gehört hat und der Zuhörer ihn sofort erkennt.

Gewohnheit darf man also auch nicht unterschätzen, denn nur alle Jahre schafft es mal wieder ein Sound, selbst unter Nicht-Synthesizerfreaks legendär zu werden – so neben den beiden genannten etwa der Oberheim-Sound auf Van Halens Begleithymne zum Schuppen-Ausschütteln (›Jump‹) oder auch der Drumsound von Phil Collins in den Achtzigern.

Geschmack ist kein Geheimnis

Neben der Gewohnheit spielt aber auch die eigene, individuelle Konditionierung eine Rolle beim Soundgeschmack. Unterschiedliche Zuhörer haben unterschiedlich angenehme Empfindungen beim selben Sound. Drahtig oder verzerrt muss beispielsweise nicht für jeden etwas Positives sein.

Trotzdem gibt es in vielen Bereichen Konsens: Volle, warme und lebendige Sounds werden von allen gemocht.

Ein fetter Bläsersound erzeugt die Wahrnehmung von etwas, das man wie ein Toffee kauen kann – das mag auch jeder. Ein halliger Sound lässt einen eine angenehme Kühle verspüren.

Dagegen erzeugen versehentlich verzerrte Pianosounds das Gefühl, man fasse Stacheldraht an, oder ein mumpfiger Bass-Sound vermittelt die unbewusste Vorstellung, man beiße in einen feuchten Pizzakarton.

Halten wir fest: Der Soundgeschmack wird von individuell verschiedenen Empfindungen beim Hören von Klängen bestimmt. Die Wahrnehmung selbst – also warm, metallisch, kühl, dreckig – unterscheidet sich nicht von Individuum zu Individuum, wohl aber ihre individuelle ›Auswertung‹.

Die hängt außerdem von der Gewohnheit ab, und das Ganze macht letztlich den Soundgeschmack aus.

Ein guter Soundprogrammierer muss diese Faktoren kennen und ausnutzen. Ich würde sagen, dass diese Fähigkeit doppelt so wichtig und nur ein Zehntel so verbreitet ist wie Grundkenntnisse von Oszillator bis Ringmodulation.

Kleiner Exkurs: Historie des Synthesizersounds

In den Anfängen des Synthesizers war es seine vornehmliche Mission, Instrumente oder Geräusche aus der ›realen‹ Welt zu simulieren.

Was für eine aufregende Vorstellung für jemanden, der bisher nur Orgel oder Klavier zur Auswahl hatte, auf einem der ersten Moogs nun auch Gitarre, Trompete oder Wind spielen zu können.

Natürlich entwickelten sich mit der Zeit typische Synthesizersounds wie der Minimoog-Bass, Prophet-Synthbrass oder die Elka-Synthex-Fläche, doch nach wie vor war es die heilige Aufgabe der Soundprogrammierer, möglichst ›echte‹ Simulationen von Instrumenten hinzubekommen.

Das änderte sich auch mit digitalen Synthesizern nicht. Selbst auf dem bis heute wohl populärsten, dem Yamaha DX7, sind ein Großteil der Sounds Imitationen und nur ein kleiner Teil Neuschöpfungen.

Ich habe selbst auf meinem DX anfangs nur versucht, ein möglichst echtes Klavier hinzubekommen – das war damals die Messlatte für einen guten Sounddesigner.

Warum? Weil es noch keine Sampler gab. Mit dem Aufkommen von Samplern verlor der Synthesizer fast seine Daseinsberechtigung. Sampler und die davon abgeleiteten PCM-Synthesizer (allen voran Korg M1 und die Roland JVs) imitierten nicht nur Naturinstrumente viel besser als analoge Synthesizer, sie imitierten sogar analoge Synthesizer so gut, dass diese zeitweise den Weg der Dinosaurier gingen.

Ihre letzte Rettung war Ende der Achtziger das Aufkommen von Techno, House, Acid – um nur einige der heute noch modernen elektronischen Musikstile zu nennen –, die auf gewohntes Instrumentarium weitestgehend verzichten.

Nur zu verständlich, denn wenn man als Musiker und Hörer am Ende der Achtziger von irgendetwas mit Recht die Nase voll haben durfte, dann von gesampelten oder ›konventionellen‹ Sounds.

Techno und Konsorten haben bis heute überlebt und sich weiter entwickelt. Wer heute 12 Jahre alt ist, könnte eine Drumloop als gewöhnlicher und natürlicher als ein Klavier empfinden.

Fehlt nur noch eins …

… nämlich die Fähigkeit, Allerweltsattribute in Synthesizerparameter umzusetzen. Sprich: Wie kriege ich einen Sound warm, breit, fett, knackig? Darum wird es in diesem und den nächsten Kapiteln gehen.

Einen guten Soundprogrammierer macht es nicht aus, ob er den Sägezahn eines Virus B vom Sägezahn eines Minimoog unterscheiden kann oder ob er weiß, dass in einer TB-303 ein 18-dB-Filter sitzt (oder vielleicht auch doch nicht).

Das sind ›Vokabeln‹, die man auswendig lernen kann, die aber nichts mit Gefühl und Zusammenhang zu tun haben. Und ich habe genug ›Experten‹ gesehen, die nach einer Hörprobe eines Minimoogs die Seriennummer aufsagen konnten, aber mit ihm nichts anzufangen wussten.

Ein guter Soundprogrammierer benötigt das Gehör nur zum Kontrollieren. Das eigentlich Kreative ist die Übersetzung seiner Vorstellung auf den Synthesizer, den er vor sich hat. Die Fähigkeit, die Wahrnehmung in einen Sound umzusetzen, ist wichtig, nichts anderes.

Was dadurch belegt wird, dass die paar wirklich herausragenden Synthesizerprogrammierer dieser Welt mit jedem Synthesizer umgehen und jeden Sound auf Bestellung liefern können – selbst eine Akustik-Gitarre auf einem Analogsynth.

Die Wahrnehmungsebenen

Ich habe die Erfahrung gemacht, dass die Empfindung eines Klanges sich in Wahrnehmungsebenen abspielt. Die vier wichtigsten davon sind Dimension, Temperatur, Textur und Animation. Der Eindruck, den man von einem Klang hat, entsteht aus dem Zusammenspiel dieser Ebenen.

Dimension

Dies ist die wahrgenommene Größe oder räumliche Ausbreitung des Klanges. Als extrem weit werden wabernde Flächen und Sounds mit großen Hallräumen, mehrfachen Echos und breiter Stereo- oder gar Surround-Ausdehnung empfunden; als extrem klein sehr trockene, dünne Sounds und solche mit wenig Bewegung oder Schwebung.

Temperatur

Ist der Sound warm oder kalt? Als sehr warm werden Sounds mit viel Bass, viel Schwebung, wenig Präsenz und großer Dimension wahrgenommen, als kühl bezeichnet man eher metallische, dünne Sounds. Hall oder Rauschanteile können diesen Eindruck verstärken.

Die Temperatur steuern Tonhöhe, Oszillatoren (Wellenform, Breite der Schwebungen), das Filter und eventuelle Raumeffekte. Hall und Delay beispielsweise sind für das Schaffen von Dimensionen geradezu gemacht.

Textur

Wahlweise könnte man Textur auch mit Material oder Oberfläche bezeichnen – wobei hier weniger die innerlich gefühlte Eigenschaft gemeint ist. Die Wahrnehmung vergleicht den Sound innerlich vielmehr mit einer Einwirkung auf ein Material. Ein fetter Sound lässt sich mit Kauen von etwas angenehm Weichem oder genüsslichem Schmatzen vergleichen. Einen holzigen Sound empfindet man wie einen harten Schlag auf einen Tisch (oder eben ein Xylophon), einen nervig-metallischen wie das Kratzen einer Gabel auf Porzellan.

Wenn man bedenkt, dass man auch in der richtigen Welt ständig einem Geräusch eine Empfindung zuordnet, ist es ganz klar, dass die Wahrnehmung bei Synthesizersounds ebenfalls Parallelen zu ziehen versucht.

Wenn man die Textur aktiv im Synthesizer formen will, macht man das im Wesentlichen in Oszillator und Filter.

Animation

Damit meine ich die Bewegung im Sound: Schnappt er zu, klingt er geschlagen, oder schwingt er weich ein? Funktioniert er orgelartig, oder rotiert er im Raum herum?

Bei akustischen Instrumenten wird die Animation ganz einfach durch die Spielweise (Schlagen, Streichen, Blasen, Artikulation) bestimmt, bei Synthesizern sind Hüllkurven, LFO und Modulationen dafür zuständig.

Begriffe, die eine klangliche Animation beschreiben, sind etwa: rotierend, stehend, abklingend, einschwingend, Tremolo, Vibrato.

Zusammenspiel

Ganz offensichtlich sind diese Eigenschaften nicht isoliert, sondern spielen zusammen und ergeben auch erst in der Kombination den Klangeindruck.

So verbinden sich im Falle einer Hammond-Orgel mit Röhren-Leslie die Empfindung einer groben Feile (Textur) mit der Rotationsbewegung (Animation).

Etwas Stumpfes mit einer Feile zu raspeln ist auch im wirklichen Leben eine angenehme Empfindung, und so empfindet man auch den Sound.

Verzerrte Gitarren sind genauso beliebt wie das Geräusch von bratendem Fett – genau so werden sie nämlich auch empfunden. Oder allgemein gesagt: Was man im wirklichen Leben als angenehm empfindet, empfindet man auch bei Sounds so.

Dazu kommt noch der oben angesprochene Faktor der Konditionierung: Was bekannt ist, gefällt automatisch besser. Warum sonst auch sollten in den komplexesten digitalen Synthesizern die meisten Sounds nach wie vor Imitate sein, oder warum sollten PCM-Synthesizer mit ROM-Samples sich so gut verkaufen?

Die Aussagen in diesem Kapitel stellen die Grundlage alles Weiteren in diesem Buch dar. Lassen Sie dieses Kapitel besonders auf sich wirken – vielleicht durch eine mehrtägige Lesepause und nochmaliges Lesen danach. Verinnerlichen Sie alles gründlich, bevor Sie weitermachen.

Im nächsten Abschnitt werden wir wieder an den Synthesizer gehen und Ihre Wahrnehmung trainieren.

Die fünf Klangebenen

Zunächst noch einmal eine Rekapitulation der Kernsätze aus den beiden vorangegangenen Abschnitten.

Mindestvoraussetzung

Die wichtigste Anforderung an einen guten Sounddesigner besteht darin, sich einen Klang vorstellen zu können, bevor er existiert.

Weiterhin muss der Sounddesigner die größtmögliche Annäherung an diesen Klang dann auf einem beliebigen Synthesizer umsetzen können.

Beispiel: Nicht selten bekommen Sounddesigner, die Werkssounds für einen neuen Synthesizer erstellen sollen, vom Hersteller Vorgaben, eben weil es bestimmte obligatorische Sounds gibt, an denen viele Synthesizer gemessen werden – etwa Imitationen von akustischen Instrumenten.

Ganz gleich ob Sample-, FM- oder additive Synthese – der Sounddesigner muss die Vorgaben auf diesem Synthesizer umsetzen können. Oft setzt zwar der Synthesizer selbst schon Grenzen, noch öfter aber die begrenzten Fähigkeiten oder mangelnde Erfahrung des Sounddesigners. Nun, das wollen wir ja ändern.

Wer das Ziel nicht verständlich definieren kann, hat es mit der Wegbeschreibung noch schwerer.

Manchmal liegt der Reiz nämlich gerade in dem, was scheinbar nicht ›möglich‹ oder ›vorgesehen‹ ist – etwa einen analogen Synthesizer für eine perfekte Rhodes-Piano-Imitation zu ›missbrauchen‹. Ein perfekter analoger Synthesizer-Sound auf einem analogen Synthesizer hingegen bringt einem keinen Nobelpreis ein.

Sound-Geschmack resultiert aus Vorprägung und Gewohnheit

Entscheidender Faktor für die Bestimmung des Sound-Geschmacks jedes Individuums ist die Vorprägung durch intensive Musik- und Klangerlebnisse in Verbindung mit Hörgewohnheiten.

Positive und negative Erlebnisse im Zusammenhang mit Klängen und Musik prägen den Geschmack wie nichts sonst.

Ohne zu sehr ins Detail gehen zu wollen, habe ich bei mir selbst und in meinem Umfeld über Jahre hinweg folgende Beobachtung gemacht: Besonders aufnahmefähig ist der individuelle Geschmacksspeicher in frühen und/oder emotional labilen Phasen. Normalerweise treten die verstärkt in der Kindheit, Pubertät und bei jeder Neuverbündung mit einem Vertreter des persönlich bevorzugten Geschlechts auf.

Wer zum Beispiel in einem glücklichen Urlaub in der Kindheit ständig finnische Volksmusik gehört hat, wird eine intensive Vorliebe dafür behalten. Dass er die zugegebenermaßen außerhalb Finnlands wahrscheinlich mit niemandem teilen kann, ändert daran nichts.

Ab einem Alter von etwa 25 ist der Musik- und Sound-Geschmack weitestgehend gefestigt, und damit auch die spontane Reaktion auf Neues geprägt. Neuartige Musik oder Klänge gelangen nicht mehr so ungefiltert an die Eingeweide wie früher.

Anders ausgedrückt: Was man bis zu einem bestimmten Zeitpunkt nicht kennt, beschert einem danach auch keine Gänsehaut mehr.

Das erklärt, warum 50-Jährige den Sound von Techno und Konsorten als melodieloses Geräusch empfinden oder 12-jährige Hip-Hop-Fans ein Klavier unter ›Sargmöbel‹ einordnen.

Musik- und Sound-Geschmack bedingen einander

Man hört zwangsläufig am liebsten die Musik, in der man seine bevorzugten Klänge findet. Und man spielt beziehungsweise programmiert bevorzugt die Klänge, die dem Musikgeschmack entsprechen.

Daher kommt beispielsweise die Frustration vieler Nicht-mehr-20-Jähriger, die ihren Sequenzer mit der erklärten Absicht starten, einen Hardcore-Techno-Hit zu produzieren, und am Ende wieder bei REM landen, weil sie nicht aus ihrer Haut können.

Obwohl scheinbar immer nach neuen, ungehörten Sounds gestrebt wird, haben Sounds mit bekannten Elementen spontan die besseren Karten. Sie kommen einfach näher ans Empfindungszentrum.

Wie sonst ist es zu erklären, dass Sternenkriegsfilme, in denen Roboter und Laserschwerter die Hauptrollen spielen, grundsätzlich mit Orchestermusik unterlegt werden? Niemandem fällt dieser eigentlich völlig offensichtliche Gegensatz wirklich auf, und das ist zwar nicht gut so, aber vollkommen menschlich. Andererseits habe ich nämlich noch keinen Römerfilm mit Kraftwerk-Soundtrack gesehen.

Die Faktoren Vorprägung und Gewohnheit müssen auch Sounddesigner berücksichtigen. Ob sie sie nutzen oder sich absichtlich dagegen stemmen, ist dann wieder die Entscheidung des Einzelnen. Aber es gilt: Kenne deine Feinde!

Kultur, Persönlichkeit und Situation

Auch Kultur, Persönlichkeitsprägung und Hörsituation spielen tragende Rollen. Der japanische Hersteller Roland beispielsweise hat sehr früh erkannt, dass sich ROM-Player schlecht verkaufen lassen, wenn japanische Sounddesigner versuchen, amerikanische oder europäische Sounds zu kopieren – ganz zu schweigen davon, dass niemand eine Workstation voller Kotos oder Shamisens bräuchte.

Der Erfolg der Roland JV-Serie beispielsweise erklärt sich nicht durch tolles Aussehen oder niedrigen Klirrfaktor, sondern durch die Tausende von Presets, die den europäisch/amerikanischen Sound-Geschmack treffen.

Je nach persönlicher Prägung bevorzugt man aggressive oder entspannende Musik bzw. Sounds. Folk- und Speed-Metal-Fans haben deshalb kaum innere und äußerliche Gemeinsamkeiten.

Bliebe die Hörsituation: Auch gewaltverherrlichende Choleriker hören beim autogenen Training keine Limp-Bizkit-Scheiben, während die Shakra-Panflöte nicht das geeignete Mittel ist, einen Club zu rocken.

Das muss auch der Programmierer von Werks-Presets berücksichtigen: ›Brauchbare‹ Sounds verkaufen keinen einzigen Synthesizer – es sind vielmehr die Sounds, die im Laden bei einem einzigen Tastendruck die vorbeifahrenden Autos zusammenstoßen lassen.

Wahrnehmung und Bewertung

Die *Wahrnehmung* der meisten Menschen beim Hören von Musik oder von Klängen unterscheidet sich erfahrungsgemäß nicht allzu sehr. Bei der *Bewertung* von Klängen gibt jedoch erhebliche Unterschiede.

So nehmen sicher alle Menschen dieser Welt den Klang einer Koto als drahtig, näselnd und kurz abklingend wahr. Doch während Japaner mit dem Klang vielfach angenehme Kindheitserinnerungen assoziieren, kramt der Europäer gleich nach dem Feuerzeug. Das beeinflusst also die Bewertung.

Oder: Für viele nette Frauen ist Celine Dion das Größte, weil Musik und Stimme ihre gut entwickelten Tränendrüsen kitzeln. Für Studiomusiker, die andere Maßstäbe an die Gefälligkeit einer Stimme anlegen, ist dieselbe Sängerin eine mögliche Inkarnation Luzifers als Hochleistungsknödlerin.

Das Auseinanderklaffen von Wahrnehmung und Bewertung erschwert eine allgemein gültige und brauchbare Definition von Sounds und ihren Eigenschaften. Die aber ist die Voraussetzung, Leuten das Sound-Programmieren beizubringen. Noch einmal: Wer das Ziel nicht verständlich definieren kann, hat es mit der Wegbeschreibung noch schwerer.

Im letzten Abschnitt habe ich es bereits angedeutet: Für die Beschreibung der Empfindung von Sounds werden von Musikern wie auch Nichtmusikern ganz automatisch Attribute aus der Welt der Sinneswahrnehmung benutzt: warm, fett, drahtig, breit, hart, kalt. Diese Empfindung unterscheidet sich kaum je nach Zuhörer.

Die Klangebenen im Überblick

Die Empfindung eines Klanges hatten wir im vorausgegangenen Abschnitt in vier Wahrnehmungsebenen gegliedert:

1. Dimension: die empfundene räumliche Ausdehnung der Klangquelle.
2. Temperatur: eisig kühl bis warm.
3. Textur: beim Hören eines Klanges ›gefühlte‹ Materialeigenschaften (Holz, Gummi, Knete) oder Materialbearbeitungen (Schlagen, Reiben, Streichen).
4. Animation: Verlauf und Bewegung.

Mit den bisherigen Erkenntnissen aus diesem Abschnitt können wir eine weitere hinzunehmen:

5. Aggression.

Aggression

Aggression ist vor allem der Faktor, der ein weiches Pad von einer verzerrten Techno-Snare unterscheidet. Man kann man sie umschreiben mit der ›Kraft‹ des Klanges, seiner Angriffsstärke aufs Trommelfell, ob er eher sympathisch (z. B. samtig) oder unsympathisch (z. B. unangenehm drahtig) ist.

Beim Entwerfen von Sounds muss man an allen möglichen Stellen auf die Gestaltung der Aggression achten, denn niemand dankt einem einen Sound, der ›Soft Pad‹ heißt und dem Rezipienten die Zahnplomben zerspringen lässt.

GM-Instrumente analysiert

Um praktisch nachvollziehen und trainieren zu können, was es heißt, Klänge in die fünf Klangebenen zu zerlegen, benötigt man einen kleinsten gemeinsamen Nenner. Genau für diesen Zweck ist ursprünglich mal der GM-Standard gemacht worden – eine Auswahl der weltweit meistgebrauchten Klänge. Die Tabelle ab Seite 145 listet eine Auswahl an GM-Sounds und ihre Einordnung in die fünf Klangebenen auf.

Ersparen wir uns die Verlockung, wieder einmal über GM-Sounds herzuziehen – hier geht's nicht um die Ehre, sondern um eine gemeinsame Basis. Und außerdem müssen auch Porsche-Fahrer ihren Führerschein auf einem Golf machen.

Werden Sie nun aktiv:

1 Gehen Sie Instrument für Instrument durch, und zwar zunächst ohne Hörvergleich mit einem Keyboard. Es ist extrem wichtig, dass Sie den Klang erst einmal nur in Ihrer Vorstellung anspielen, während Sie die Bewertung in der Tabelle lesen.

Sie werden feststellen, dass meine Bewertung subjektiv ist und nicht immer mit Ihrer übereinstimmt. Vor allem kann sie sich nur auf einen angenommenen Durchschnittssound beziehen, denn ein Klang kann ja, beispielsweise abhängig von der gespielten Dynamik, sehr weich oder extrem aggressiv sein.

2 Tragen Sie Ihre eigene Bewertung zumindest in die Zahlenspalten ein, und halten Sie damit fest, welches Bild eines Klanges in Ihrer Vorstellung existiert.

3 Im nächsten Schritt spielen Sie nun die Sounds in einem Ihrer Klangerzeuger nachcinandcr an – am besten auf einem GM-Klangerzeuger, denn es kommt weniger auf die Qualität als auf den kleinsten gemeinsamen Nenner an.

4 Vergleichen Sie nun Ihre Bewertung mit den zuerst festgehaltenen Werten.

Wenn Sie abweichend bewerten, ist das sogar gewünscht – Hauptsache, Sie machen sich aktiv eine eigene Vorstellung und trainieren das Denken in den fünf Klangebenen. Wenn Sounds wirklich so objektiv zerlegbar wären, hätten wir es alle einfacher.

5 Im letzten Schritt versuchen Sie, eigene Bewertungen von nicht aufgeführten Sounds zu finden.

Vielleicht tauschen Sie Ihre Bewertungen mit Gleichgesinnten aus oder rufen ganze Wochenend-Turniere für den Synthesizer-Stammtisch aus – Hauptsache, Sie beschäftigen sich so intensiv wie möglich mit dieser Form, Sounds zu analysieren.

Wenn Sie jetzt denken, Sie wären fleißig gewesen, dann ergeht es Ihnen wie in der Schule: Obendrein gibt's nämlich noch eine ...

Hausaufgabe

Diese besteht darin, die Default-Snapshots 1 bis 20 im Soundforum-Synthesizer selbst in die fünf Ebenen zu zerlegen.

Eine leere Tabelle zum Ausfüllen finden Sie auf Seite 147.

Ausblick

Die fünf Ebenen lassen sich neben dem Sounddesign auch auf andere Aspekte des klanglichen und musikalischen Gesamtbildes anwenden, etwa Spielweise/Dynamik, Abmischung, EQ oder Effekte. So gibt es beispielsweise Kälte oder Wärme erzeugende, Räumlichkeit verstärkende oder die Textur vollkommen verändernde Effekte wie auch weiche oder aggressive EQ-Einstellungen. Da Effekte und EQs zum Sounddesign unbedingt dazugehören, werden wir sie im nächsten Abschnitt in unsere Überlegungen mit einbeziehen.

Bis dahin viel Spaß beim Trainieren!

Eine Auswahl an GM-Sounds, zerlegt in die fünf Klangebenen.

Instrument	*Dimension* 1: klein/eng 10: groß/weit	*Temperatur* 1: kühl 10: warm	*Textur* Empfinden	*Animation*	*Aggression* 1: weich 10: aggressiv
Grand Piano	3	3	holziger Schlag, angenehm metallisch schwingend	ausklingend, leicht schwebend	4
Electric Piano	3	6	metallischer Klick, weicher Stoff	ausklingend	3
Clavinet	2	4	drahtig, schnappend	kurz ausklingend	5
Glockenspiel	2	2	metallisch, kurzer harter Schlag	extrem kurz ausklingend	5
Vibraphone	3	4	metallisch weich, glockig	abklingend, rotierend	3
Xylophone	1	3	holzig, kurzer Klick	extrem kurz abklingend	6
Percussive Organ	2	6	metallisch, holzig	abrupt mit Klick	5
Rock Organ	3	6	grobes Schmirgeln, metallisch, rauchig	abrupt, rotierend	8
Accordion	2	5	pressluftartig, hauchig, quäkend	aufgeweichter Orgelverlauf, schwebend	6
Nylon Guitar	1	6	Zupfen, Plastik, holzig	kurz abklingend	3

Instrument	*Dimension* 1: klein/eng 10: groß/weit	*Temperatur* 1: kühl 10: warm	*Textur* Empfinden	*Animation*	*Aggression* 1: weich 10: aggressiv
Jazz Guitar	1	5	gummiartig, Zupfen	weich abklingend	2
Distortion Guitar	2	5	metallisch, Fräsen, Brutzeln	lang abklingend	9
Slap Bass	2	3	knackig, drahtig, Schnappen	knackig, trocken, abklingend	8
Fretless Bass	2	6	weich, samtig,	weich ein- und ausschwingend, leicht schwebend	3
Violin	1	3	drahtiges Quietschen, holziger Ton	kurz ein- und ausschwingend	9
String Ensemble	7	8	weiches, samtiges Streichen; warmer, holziger Ton	weich einblendend, schwebend	3
Synth Strings	7	8	samtig, weicher Kunststoff	weich ein- und ausblendend, schwebend	2
Choir Aahs	9	2	Hauchen, Singen	weich einblendend, schwebend	3
Trumpet	2	5	kräftig, Druckluft, ›toffeekau‹-artig	kurze Anblas-Attackphase	6
Muted Trumpet	2	2	dünn, sägend, metallisch	weich, einschwingend	8
Tenor Sax	2	7	rauchig, holzig, Druckluft	weich, perkussiv einschwingend	5
Flute	2	5	luftig, weich, hauchig	weich einschwingend	2
Banjo	1	2	Draht, reißen, holzig	kurz ausklingend	6
Bagpipe	5	3	sägend, metallisch, quäkend	pappig	8
Drums (Kick, Snare, Toms)	8	7	Schlag auf etwas Federndes, knackig, angenehm	knackig ausklingend	7
Cymbals			metallisches Kreischen, eher angestrengt	lang ausklingend	9
808 Drums	4	4	knackender Kunststoff	knackig kurz ausklingend	6

Leertabelle für Ihre Analyse der Soundforum-Synthesizer-Snapshots:

Snapshot	*Dimension* 1: klein/eng 10: groß/weit	*Temperatur* 1: kühl 10: warm	*Textur* Empfinden	*Animation*	*Aggression* 1: weich 10: aggressiv
1 Default					
2 Basic Square					
3 Basic Saw					
4 Basic Sine					
5 Basic Tri					
6 Basic Noise					
7 Basic Detune					
8 Basic PWM					
9 Basic Reso Sweep					
10 Basic Blip					
11 Basic Bass					
12 Basic Sub Bass					
13 Basic Mini					
14 Basic Brass					
15 Basic String					
16 Basic FM					
17 Basic Sync					
18 Basic Ringmod					
19 Basic Thunder					
20 Basic Modular Echo					

Effekte und Mix

In diesem Abschnitt vertiefen wir das Denken in Klangebenen und erweitern es von Synthesizer-Sounds auf Effekte, Arrangement und Mix.

In den letzten beiden Abschnitten haben wir begonnen, das Denken in Klangebenen zu trainieren.

Zur Erinnerung: Die Klangebenen sind keine Meditationstechnik, der ich anlässlich eines Selbstfindungsurlaubs in Nepal anheim gefallen bin, sondern eine sehr geeignete Methode, aus jedem klanginteressierten Menschen einen Sound-Programmierer zu machen.

Sie bieten eine gemeinsame Sprache, anhand derer man Klänge relativ genau und gleichzeitig frei von Bewertungs- oder Geschmackskriterien charakterisieren kann.

Zur Vertiefung: Die fünf Ebenen sind Dimension, Temperatur, Textur, Animation und Aggression. Jeder natürliche und synthetische Klang besitzt diese Eigenschaften und lässt sich durch sie analysieren.

Auflösung der Hausaufgabe

In der nachstehenden Tabelle sehen Sie meine Analyse der 20 Snapshots.

Nun die Aufgabe dazu:

- Starten Sie den Soundforum-Synthesizer.
- Gehen Sie die Snapshots nacheinander durch.
- Schauen Sie sich die Analyse an – insbesondere die eher subjektiven Beschreibungen zu Textur und Animation.
- Versuchen Sie, diese Beschreibungen zu bestätigen oder andere zu finden, die Ihrer Wahrnehmung näher kommen.

Meine Analyse der Snapshots aus dem Soundforum-Synthesizer:

Snapshot	*Dimension* 1: klein/eng 10: groß/weit	*Temperatur* 1: kühl 10: warm	*Textur* Empfinden	*Animation* Verlauf, Bewegung	*Aggression* 1: weich 10: aggressiv
1 Default	3	3	Schnappen, Plastik	Filter-›Anblasen‹	3
2 Basic Square	2	2	Elektronik	–	7
3 Basic Saw	2	3	Plastik	–	7
4 Basic Sine	1	6	weicher Stoff	–	1
5 Basic Tri	1	3	Stoff	–	2
6 Basic Noise	3	2	scharfer Wind	–	7
7 Basic Detune	3	4	Plastik	–	6
8 Basic PWM	3	4	Sägen von Plastik	Rotation	6
9 Basic Reso Sweep	3	4	weiches Plastik	Abklingen	5
10 Basic Blip	2	2	Gummiband	Fletschen	4
11 Basic Bass	1	6	gedämpfte Plastiksaite	perkussiv	3
12 Basic Sub Bass	1	6	Plastiksaite	knackig perkussiv	4
13 Basic Mini	2	5	in Knete fassen	Anblasen	4
14 Basic Brass	3	5	in Gummi fassen	Anblasen, starke Schwebung	6
15 Basic String	3	5	über Plastik reiben	Anstreichen, starke Schwebung	5
16 Basic FM	2	2	Schlag auf eine Glocke	Ausklingen	7
17 Basic Sync	2	2	Sägen von Metall	Abklingen	9
18 Basic Ringmod	2	1	Strom, Funken, Britzeln	Abbremsen	9
19 Basic Thunder	6	3	dumpfes Grollen	lang ausklingend	3
20 Basic Modular Echo	4	5	metallisch, fett	perkussives Echo	6

Effekte und die Klangebenen

Es gehört zur allgemeinen Volksbildung, dass Effekte ein integraler Bestandteil von Klängen sind. Die Synthesizer-Schmiede Roland hat bereits in den Achtzigern erkannt, dass Synthesizer mit eingebauten Effekten gleich besser klingen und sich daher auch besser verkaufen – daraus resultiert der Erfolg ihres Modells D-50, das auf Synthesizer und Workstations bis heute Einfluss hat.

Ein Effekt an sich klingt erst mal gar nicht, sondern er benötigt ein Signal, das er ›verschönern‹ kann.

Werfen Sie einen Blick auf die Tabelle auf Seite 152. Dort habe ich eine Auswahl besonders populärer Effekte aufgelistet. Die Angaben in der Tabelle zeigen Ihnen, in welche Richtung ein Effekt den Klang verändert – daher die Plus/Minus-Zeichen.

Bei vielen Effekten gibt es in bestimmten Spalten keinen Eintrag, denn nicht jeder Effekt verändert alle fünf Ebenen eines Klanges. Wo ein leeres Feld ist, verhält sich der Effekt also neutral.

Wie wirken welche Effekte sich aus?

Die Einordnung von Effekten in die fünf Klangebenen wird uns eigentlich recht leicht gemacht:

- ❖ Räumliche Effekte wie Hall oder Delay sind nun mal dazu gemacht, die Dimension eines Klanges zu erweitern.
- ❖ Modulationseffekte wie Chorus oder Flanger sollen Wärme und Bewegung in den Sound bringen.
- ❖ Verzerrungseffekte wie Overdrive oder Distortion sind mit Sicherheit der Aggression zuträglich.

Wie Sie sich an dieser Stelle denken können, setzt man in der Praxis nicht nur Synthesizer-Parameter, sondern auch Effekte ein, wenn ein Sound in eine bestimmte Richtung – etwa breiter, wärmer, fetter oder aggressiver – verändert werden muss.

Effekte ausprobieren

Jetzt müssen Sie wieder ein wenig arbeiten:

1 Richten Sie irgendwo in Ihrem Instrumenten-Setup einen Klavier-Sound spielbar ein – der ist obertonreich und in punkto Klangebenen relativ neutral. Falls möglich, sollte der Sound mono sein.

2 Leiten Sie diesen Sound in ein Multi-Effektgerät. Sie können natürlich auch die Plug-Ins Ihres Audio-Sequenzers benutzen. Wenn Sie eine Workstation mit integrierten Effekten besitzen, nehmen Sie einfach diese.

3 Stellen Sie nun nacheinander die Effekte ein, wie sie in der Tabelle eingegeben sind. Ausgangspunkt für die angegebenen Werte ist immer eine Standard-Einstellung. Beachten Sie, dass einige Effekte – wie etwa Overdrive oder Kompressor – Insert-Effekte sein müssen.

4 Versuchen Sie jeweils, die Beschreibungen der Tabelle nachzuvollziehen oder eigene Wahrnehmungen festzustellen.

Beispiele für die Tabelle

Hier ein paar Beispiele, wie Sie die Tabelle lesen und sich das Ganze vorstellen sollten:

❖ Nehmen Sie den Effekt ›Large Hall‹. Stellen Sie sich eine kleine, harmlose Oboe vor, deren räumliche Ausdehnung nahezu Null ist. Gibt man jetzt einen langen Hall darauf, wird sie ein wenig verbreitert, vor allem aber nach hinten in den Raum verlängert. Das ist in der Tabelle mit einer Ausdehnung der Dimension um 5 Werte angegeben.

❖ Ein Phaser verwirbelt den Klang – selbst eine monotone Wellenform gerät in Bewegung. Die empfundene Textur ist eine Art ›weicher Strudel‹ – wie etwa ein Wasserstrudel.

❖ Während der Overdrive den Sound anwärmt und ihm eine Textur-Wahrnehmung von brutzelndem Fett verleiht, erzeugt eine harte Distortion eher die Empfindung von stumpfem Metall, das aufeinander reibt.

❖ Ein Kompressor verformt besonders den Verlauf des Klanges: perkussive Sounds werden knackiger, gehaltene Sounds werden zusammengepresst.

Einige wichtige Effekte und ihr Einfluss auf den Klang:

Effekt	*Dimension* +: größer/ weiter	*Temperatur* –: kühler +: wärmer	*Textur* Empfinden	*Animation* Bewegung	*Aggression* –: weicher +: aggressiver
Large Hall	+5	–3		Verlängerung	–3
Wood Chamber	+3	+3		Verlängerung	–3
Garage	+2	–3		Verlängerung	
Mono-Delay, lang	+2	+2		Wiederholung	–3
Stereo-Delay, lang	+6	+2		Wiederholung	–5
Chorus, breit	+5	+4	Fett	Schwebung	–2
Flanger	+2		Schmirgelpapier	Flirren	+2
Phaser, langsam	+3		Wasserstrudel	Wirbeln	–3
Ensemble	+5	+6	Frottee	komplexe Schwebung	–5
Wah-Wah	+2		Gummi	Vokalisierung	
Pitch-Shifter, Detune	+5	+3	Butter		–3
Tremolo	+2			vertikale Rotation	–3
Auto Pan	+5			horizontale Rotation	
Rotary	+3	+5	fettiges Schmirgeln	komplexe Rotation	–3
Overdrive		+3	brutzelndes Fett		+4
Distortion		–3	metallisches Reiben		+7
Kompressor				knackig, gepresst	+2
Exciter		–3	Hauchen		+2

EQs und die Klangebenen

Auch durch Equalizer, kurz: EQs, lassen sich Modifikationen in zumindest vier der fünf Ebenen realisieren. Eine Tabelle macht hier wenig Sinn, da die genauen Frequenzanteile, die man anheben oder absenken muss, sich von Signal zu Signal unterscheiden. Trotzdem kann man relativ genau sagen, wie sich Veränderungen des Frequenzgangs auf die vier Ebenen auswirken.

Aggression spielt sich im oberen Mittenbereich ab, denn diese Frequenzen werden vom Ohr als ›angreifend‹ empfunden.

EQ und Dimension

Die empfundene vertikale Dimension eines Klanges wird durch seine Frequenzverteilung bestimmt. Nicht umsonst heißt es ›Tiefen‹ und ›Höhen‹ – das hat nicht nur mit der Hertz-Zahl zu tun, sondern auch damit, dass man die Tiefen eher als von unten kommend wahrnimmt und die Höhen als eher von oben. Beispielsweise stehen Basslautsprecher ja auch stets unter den Höhenlautsprechern.

Indem Sie also einem Klang Tiefenanteile hinzufügen, ziehen Sie ihn – in Klangebenen gesprochen – nach unten.

Indem Sie ihm Höhen hinzufügen, verschieben Sie ihn dagegen im Klangbild nach oben.

EQ und Temperatur

Auf die Temperatur nimmt der EQ den stärksten Einfluss, und zwar besonders die tiefen Frequenzen. Ein warmer Sound ist immer tiefenbetont, als kühl empfundene Sounds lassen es deutlich an Tiefen und unteren Mitten fehlen.

Höhen haben dagegen eigentlich kaum Einfluss auf die Temperatur. So kann ein Slap-Bass mit gläsernen Höhen durchaus warm klingen, ein verhalltes Hochpass-Pad klingt dagegen immer kalt, ob mit oder ohne Höhen.

Wärmer wird der Sound, wenn man ihm Anteile in den unteren Mitten und Bässen hinzufügt. Aus einem extrem kühlen Sound lässt sich oft ein sehr warmer machen, noch leichter geht's jedoch umgekehrt.

EQ und Textur

Die Textur kann man mit EQs nicht erzeugen oder vollkommen ändern, jedoch verstärken oder abschwächen.

Das Texturempfinden spielt sich dabei fast ausschließlich in den Mitten und Höhen ab, sodass Sie hier durch simple Betonung der entsprechenden Frequenzbereiche die Textur herausheben oder dämpfen können.

EQ und Aggression

Wahrscheinlich haben Sie noch nie von aggressiven Bass-Anteilen gehört, sicher aber von aggressiven Mitten oder Höhen. Aggression spielt sich im oberen Mittenbereich ab, denn diese Frequenzen werden vom Ohr als ›angreifend‹ empfunden. Hungrige Säuglinge, Krankenwagenfahrer und BlockflötistInnen wissen das genau und nutzen es kaltherzig aus.

Durch Anhebung des Frequenzbereiches zwischen etwa 700 Hz und 4 kHz erhöhen Sie die Aggression eines Klanges deutlich, durch Absenkung machen Sie den Klang gefälliger und unaufdringlicher.

Ende der Vorlesung

Das war eine Menge Neues in nur einem Kapitel, vor allem eine Menge Lesestoff. Im nächsten Kapitel werden wir daran gehen, das Denken in den fünf Klangebenen auf den Synthesizer anzuwenden, und ich werde Sie dahingehend trainieren, dass Sie einen Sound gezielt in jede gewünschte Richtung bekommen – ganz gleich, ob Sie mit einer Wellenform beginnen oder einen vorhandenen Klang verändern wollen. Dieses Handwerk heißt übrigens – richtig – Soundprogramming.

Bis dahin können Sie sich schon mal stählen und fit machen, indem Sie:

- so viele Ihrer Sounds wie möglich durchgehen und versuchen, jeden Sound auf Basis der fünf Klangebenen zu analysieren;

- versuchen herauszufinden, warum Sie bestimmte Sounds mögen und andere nicht; beschreiben Sie das möglichst anhand der Attribute Dimension, Temperatur, Textur, Animation und Aggression, und versuchen Sie herauszufinden, wo Ihre Vorlieben liegen;
- wann immer Sie Musik hören – ob Sie Ihre Lieblingsplatten hervorkramen oder etwas im Autoradio hören – das Denken in den Klangebenen trainieren.

8

Profikurs am Synthesizer

Nach der reinen Lehre der fünf Klangebenen im letzten Kapitel beginnen wir in diesem Kapitel mit dem Profikurs am Soundforum-Synthesizer.

Während das letzte Kapitel eher eine theoretische Einführung in die Soundprogrammierung auf Basis der fünf Klangebenen Dimension, Temperatur, Textur, Animation und Aggression war, setzen wir uns jetzt wieder direkt an den Soundforum-Synthesizer und trainieren diese Techniken.

Da ich die Neigung zum Durcharbeiten heftigen Stoffes im Zeitalter des Sekunden-Zappens nicht unrealistisch hoch einschätzen möchte, werden wir die Inhalte der vorangegangenen Kapitel hier und da auffrischen.

Wenn Sie einen bewundernswerten Hang zur Gründlichkeit besitzen, kann ich Ihnen nur dringend empfehlen, zumindest das letzte Kapitel unbedingt mehrmals zu lesen und vor allem die vorgeschlagenen Experimente nicht auszulassen, bevor Sie weiterlesen.

Noch einmal die besten Übungen, die Sie teilweise sogar beim Abwasch oder beim Bodybuilding durchziehen können:

- Sounds beim Durchhören, Arrangieren, Spielen immer in ihre Klangebenen zerlegen. Am besten in Tabellen notieren.
- Aktiv beim Musikhören analysieren – welche Sounds beeinflussen den musikalischen Eindruck in welche Richtung und warum? Wann klingt etwas kalt, aggressiv, lebendig?

- Alle Synthesizer in einem Radius von 100 km in die Finger kriegen und an Knöpfen schrauben. Welcher Parameter hat welche Auswirkung auf welche Klangeigenschaft bzw. Klangebene?
- Dasselbe beim Arrangieren und Mischen, denn die Ebenen funktionieren während des gesamten Prozesses vom Komponieren bis zum Mastern. Es gibt ja etwa auch kalte und warme, aggressive und freundliche Harmonien, hektische und ruhige Phrasierungen.

Keine Sorge: Sie werden nicht den Rest Ihres Lebens beim Soundprogrammieren Tabellen ausfüllen müssen.

Ganz im Gegenteil: Je besser und routinierter Sie werden, desto weniger werden Sie die fünf Klangebenen bewusst benutzen, und irgendwann werden Sie sie ganz aus dem Bewusstsein streichen, weil sie einfach im Unterbewusstsein gespeichert sind.

Voraussetzung dafür ist jedoch, dass Sie sich mindestens ein halbes Jahr lang selbst auf die Nerven fallen, weil Sie sogar die Kinowerbung auf Temperatur und Aggression überprüfen. Dieses Denken muss sich regelrecht einbrennen, damit Sie später mit Ihrem Synthesizer so selbstverständlich umgehen wie mit einem CD-Player.

Klangebenen und Synthesizerbausteine

Die zentrale Frage ist: Wenn man die Klanganalyse in den fünf Ebenen verinnerlicht hat, wie setzt man sie mit dem Synthesizer um?

Und für alle, die sich schon mal zart gefragt haben, ob die 5-Ebenen-Lehre nicht doch ein esoterischer Tick meinerseits ist, kommt jetzt das zentrale Argument für ihre Anwendung: Man kann sie direkt am Synthesizer umsetzen, sie funktioniert immer, mit jedem Sound und mit jedem Synthesizer.

Wirkt, was?

Kleine Führung durch die Synthesizer-Module

Ich will Ihnen diese Aussage direkt belegen. Bei dieser kleinen Führung durch die Synthesizermodule gewinnen wir einen ersten, sehr groben Eindruck davon, welches Modul eigentlich welche Klangeigenschaften beeinflussen kann.

Ich warne vor Euphorie: Das ist nur das Grundwissen. Wie jeder einzelne Parameter auf den Sound wirkt und wie das Zusammenspiel der Module und Parameter aussieht, das ist die eigentliche Wissenschaft, und dafür brauchen wir noch ein paar Kapitel.

Oszillatoren und Mixer

Laden Sie im Soundforum-Synthesizer den Snapshot ›4 – Basic Sine‹. Diese Sinuswelle ist absolut klangneutral: keine Obertöne (dadurch recht warm), keine Verläufe, keine Breite. In den fünf Klangebenen ausgedrückt:

Dimension	□
Temperatur	□□□□□□
Aggression	□
Textur	weicher Stoff
Animation	–

Drehen Sie nun den ›Symm‹-Regler in Osc 1 langsam auf: Der Sound ändert die Textur und die Schärfe (Aggression), ist nach wie vor statisch, bekommt aber ein bisschen mehr Breite, weil er ›vorlauter‹ wird.

Die Werteverteilung ändert sich also:

	Vorher	*Nachher*
Dimension	□	□□
Temperatur	□□□□□□	□□□
Aggression	□	□□□□□□□□
Textur	weicher Stoff	Plastik
Animation	–	–

Drehen Sie jetzt im Mixer Osc 2 hinzu, schalten Sie Oscillator 2 auf ›Saw‹ (damit beide Oszillatoren gleich klingen), und erhöhen Sie den ›Detune‹-Wert auf 0.05.

Das Ergebnis: Der Klang wird breiter, lebendiger und dadurch auch wieder wärmer. Die Bewegung klingt nach einem angenehmen Reiben. Fast gar nicht ändern sich indessen Textur und Aggression.

Das Rating jetzt:

Dimension	□□□□
Temperatur	□□□□□
Aggression	□□□□□
Textur	Plastik
Animation	Reiben

Stellen Sie nun den ›Interval‹-Regler von Oscillator 2 auf 12.

Der Sound bekommt mehr Power, wird aber weniger warm. Änderung im Rating:

Temperatur	□□□
Aggression	□□□□□□□

Behalten Sie diese Einstellung für den nächsten Abschnitt; vielleicht speichern Sie sie einfach kurz als Snapshot.

Fassen wir für die Oszillatoren zusammen: Sie bestimmen den Grundsound und damit die Ausgangswerte für Temperatur, Aggression und Textur. Ein klein wenig können sie auch zur Dimension oder Animation beisteuern, allerdings benötigen sie dafür die Hilfe von Hüllkurven oder LFOs.

Filter

Der Filtermodus ist auf LP4 (also steilen Tiefpass) eingestellt. Drehen Sie die Cutoff-Frequenz ein paar Mal hin und her.

Was verändert sich?

Der Klang wird bei Herunterdrehen der Cutoff-Frequenz weniger aggressiv, er wird wärmer, ändert die Textur von hart nach weich. Dimension und Animation sind vernachlässigbar.

Der Modus stellt dabei die Grundcharakteristik ein, die eigentliche Kontrolle über den Klang übernimmt aber die Cutoff-Frequenz, weshalb das Rating hier für zwei Cutoff-Frequenzen aufgeführt ist:

Cutoff	*niedrig*	*hoch*
Dimension	□□□□	□□□□
Temperatur	□□□□□□□	□□□□
Aggression	□□	□□□□□□□
Textur	Plastik	Weich
Animation	Reiben	Schwebung, Tremolo

Resonanz

Drehen Sie die Resonanz auf 0.6. Der Sound verändert sich, was man vor allem bei schnellem Drehen am Cutoff-Regler wahrnimmt.

Aber zwei Ebenen werden dadurch extrem beeinflusst:

- Die Temperatur sinkt um gut drei Werte,
- die Aggression steigt um vier bis fünf, und zwar über den gesamten Cutoff-Bereich.

Filtermodus

Schalten Sie den Filtermodus auf HP2. In diesem Modus beeinflusst das Filter die Höhenanteile gar nicht, sondern filtert umgekehrt tiefe Klangbestandteile aus. Nun sehen die Veränderungen durch das Filter völlig anders aus:

Cutoff	*niedrig*	*hoch*
Dimension	□□□□	□
Temperatur	□□□□	□
Aggression	□□□□	□□□□□□□□□
Textur	Plastik	Elektrische Spannung
Animation	Reiben	Britzeln

Fassen wir zusammen: Ausgehend vom Rohmaterial aus Oszillatoren und Mixer formt das Filter die wichtigsten klangbestimmenden Ebenen – Dimension, Temperatur, Aggression, Textur. Sogar eine vorhandene Animation wird in ihrem Wesen verändert.

Sieht man sich an, welch umfassenden Einfluss das Filter auf den Sound nehmen kann, leuchtet es schon eher ein, warum es für Synthesizer-Enthusiasten eine solch entscheidende Bedeutung bei der Beurteilung eines Synthesizers hat.

Filter-Hüllkurve

Weiter im Experiment:

1 Setzen Sie das Filter wieder auf LP4, ›Cutoff‹ auf 60 und ›Env‹ auf 100.

Plötzlich schnappt der Sound abrupt nach unten. Die Filter-Hüllkurve erzeugt – das war nicht schwer zu erraten – eine Animation, in diesem Fall ein Schnappen.

2 Drehen Sie im Bereich ›Filter Env‹ den ›A(ttack)‹ auf 20 und das ›D(ecay)‹ auf 30.

Jetzt klingt die Animation eher nach Schmatzen, die Textur des Klanges ändert sich von Plastik zu etwas eher Gummiartigem.

Da Textur und Animation sich nicht graduell darstellen lassen, verzichten wir hier mal auf die kleinen Tabellen. Wir werden ohnehin im weiteren Verlauf der Serie noch eine Liste von Hüllkurven-Einstellungen und daraus resultierenden Animationen/Texturen aufstellen.

Lautstärke-Hüllkurve

Ein Experiment zur Lautstärke-Hüllkurve (Amp Env):

1 Drehen Sie ›A(ttack)‹ auf 50 und ›D(ecay)‹, ›S(ustain)‹ und ›R(elease)‹ auf 0.

Aus dem Schmatzen wird ein Rückwärts-Effekt – ein bisschen wie ›Schmatzen beim Einatmen‹.

Und da aller guten Dinge drei sind, schalten wir auch mal eine Pitch-Hüllkurve ein:

2 Neutralisieren Sie die Lautstärke-Hüllkurve (A = 0, D = 0, S = 1, R = 0). Aktivieren Sie im Modul ›Filter Env→Osc‹ die beiden ›P‹-Schalter, und regeln Sie ›Amount‹ auf 1.

Aus dem Schmatzen wird jetzt eine Art Peitschen oder Fletschen.

3 Drehen Sie unter ›Filter Env‹ den ›A(ttack)‹-Regler auf 50.

Schon wird aus dem Peitschen ein Vinyl-Scratch-artiges Geräusch.

4 Deaktivieren Sie nun in ›Filter Env→Osc‹ die beiden ›P‹-Schalter, und aktivieren Sie dafür die ›Symm‹-Buttons. Drehen Sie ›Symm‹ bzw. ›Puls-Sym‹ in beiden Oszillatoren auf 0, und schalten Sie beide Oszillatoren auf ›Puls‹.

Hiermit werden die Symmetrie-Regler in den Oszillatoren durch die Filter-Hüllkurve quasi animiert. Diese Animation variiert wiederum die Textur, aber auch die Dimension – der Klang wird breiter.

Diese kurzen Experimente sollen Ihnen nur einen Eindruck geben – Sie müssen also noch nichts durchschauen.

Fassen wir wieder zusammen: Beide Hüllkurven erzeugen Animation. Der Einfluss der Filter-Hüllkurve auf den Klang ist jedoch weitaus größer als der der Lautstärke-Hüllkurve, da Klangfarbenveränderungen stärker wahrnehmbar sind als Lautstärkeverläufe.

Die Filter-Hüllkurve lässt sich zusätzlich auf Tonhöhe oder Pulsbreite schalten. Erzeugt und beeinflusst werden von den Hüllkurven die Ebenen Animation, Textur und ein wenig auch die Dimension.

Die Aggression ergibt sich fast ausschließlich daraus, ob die Hüllkurve weich ›einschwingt‹ oder perkussiv ›anschlägt‹.

LFO

Das letzte gute Stück in der Reihe der Module ist der LFO. Ich denke, wir wissen alle, was jetzt kommt: Wenn irgend etwas eindeutig Animation erzeugt, dann eben der LFO. Beispiele dafür gibt es bereits in den Default-Snapshots.

Rufen Sie den Snapshot ›20 – Basic Modular Echo‹ auf. Dieses Patch erzeugt einen Echo-ähnlichen Effekt aus der Kombination von Repetition durch den LFO und Abklingen durch die Hüllkurve. Hier wirken also zwei Animationen zusammen.

Nun zwei ganz interessante, weil nicht so eindeutige Experimente:

- Setzen Sie im LFO die Wellenform auf ›Puls‹ und den ›Symm‹-Regler auf 0.08. Wenn Sie jetzt ein paar Noten spielen, werden Sie feststellen, dass der Sound weitaus räumlicher klingt – das Echo ist jetzt abgehackter, nicht mehr so fließend. Hier beeinflusst der LFO also gleichzeitig Animation und Dimension (mehr Räumlichkeit).
- Aktivieren Sie jetzt im LFO die ›Sym‹-Schalter, und wählen Sie die Wellenform ›Tri‹. Jetzt beeinflusst der LFO zusätzlich auch noch die Textur.

Hier ein paar allgemeine Beispiele, wie welche Ebene mit dem LFO beeinflussbar ist:

- Dimension: Wenn der LFO echoähnliche Modulationen erzeugt, wird der Klang auf der Z-Achse (also nach hinten weg) erweitert. Erzeugt der LFO Schwebungen (PWM), wird der Sound breiter.
- Temperatur: Hier hat der LFO kaum Einfluss.
- Aggression: Besonders bei Tonhöhenmodulationen kann der LFO den Sound sehr viel aggressiver machen – denken Sie etwa an ein schnelles und ein zu starkes Vibrato. Bei Filter oder Lautstärke ist der Spielraum nicht ganz so hoch, es sei denn, der LFO schwingt selbst im Hörbereich.
- Textur: Besonders durch das Erzeugen von Schwebungen kann der LFO die Textur verändern – von glattem nach sehr rauem Plastik beispielsweise.
- Animation: Das ist die Domäne des LFO. Ganz egal wo und wie man ihn einsetzt – es kommt immer eine Animation dabei heraus.

In eine Tabelle gefasst, könnte man es so ausdrücken:

Dimension	mittel
Temperatur	minimal
Aggression	mittel
Textur	mittel
Animation	sehr hoch

Der Einfluss des LFO auf die verschiedenen Klangebenen.

Mission: possible – Übungen zur gezielten Klanggestaltung

Nach unserer kleinen Analyse eines Synthesizer unter dem Aspekt der fünf Klangebenen im letzten Abschnitt werden wir das neu gewonnene Grundwissen mit Experimenten verfestigen.

Rekapitulieren wir noch einmal kurz: Klänge kann man in fünf Ebenen unterteilen und beschreiben: Dimension, Temperatur, Aggression, Textur und Animation. Diese fünf Klangebenen werden von den verschiedenen Synthesizer-Modulen und -Parametern dergestalt erzeugt bzw. beeinflusst, wie ich es in der nachfolgenden Tabelle zusammengefasst habe:

Modul	*Parameter*	...	*Ebene*
Oscillator Mixer	Waveform Interval	erzeugen	Dimension Temperatur Aggression Textur
	Detune	erzeugt	Animation
	FM, Sync, Ringmod	modifizieren	Textur Aggression
Filter	Mode (LP/BP/HP) Cutoff	formt	Temperatur Dimension
	Cutoff	regelt	Aggression Textur
	Resonance	erhöht	Aggression Temperatur
Filter Env		erzeugt	Animation
Amp Env		erzeugt	Animation
LFO		erzeugt	Animation

Einfluss der Synthesizer-Module und -Parameter auf die Klangebenen.

Weiterhin haben wir gesehen, dass man diese Begriffe auch auf andere Aspekte einer Musikproduktion ausweiten kann: Effekte, EQs, Mix, Arrangement, sogar Harmonien.

Von Ebenen zu Adjektiven

In den Klangbeschreibungen seit der Einführung der fünf Ebenen haben wir jeden Klang in jede der Ebenen zerlegt und den Ebenen jeweils einen Wert zugeordnet. So lässt sich ein Klang leichter in quantitative, relativ eindeutige Werte auflösen.

So sinnvoll das zur Einführung des Ebenen-bezogenen Sounddesigns auch ist: Natürlich denkt kein Mensch in solchen Kategorien. Man möchte einen Klang ›wärmer‹ und ›breiter‹ haben, nicht ›Temperatur –3‹ und ›Dimension +4‹.

Wir werden also ab jetzt die Schwimmflügel abstreifen und versuchen, die Ebenen in Form von Adjektiven zu beschreiben.

Da wir einige Zeit das ›Quantisieren‹ von Klangeigenschaften praktiziert haben, wird es Ihnen sicher leicht fallen, die üblichen Adjektive zur Soundbeschreibung zu benutzen, da Sie sie jetzt eindeutiger zuordnen und präziser umsetzen können als zuvor.

Missionen

Das üben wir in diesem Abschnitt, indem wir Snapshots aus dem Soundforum-Synthesizer schrittweise in eine vorgegebene Richtung manipulieren. Ich habe zehn Missionen für Sie vorbereitet, die allesamt auf einem Snapshot basieren. Bei den ersten Schritten begleite ich Sie, die weiteren müssen Sie allein vollführen.

Die Missionen steigern sich im Schwierigkeitsgrad. Ich bitte also die Fortgeschrittenen, eine eventuelle anfängliche Unterforderung mit Rücksicht auf die Übungsbedürftigeren zu entschuldigen.

Wählen Sie für jede Mission den in der Überschrift genannten Snapshot, und befolgen Sie die Schritte.

Am Ende jeder Mission gibt es Aufgaben für Sie, die auf dem Endstand der angegebenen Schritte basieren. Auch die Aufgaben steigen im Schwierigkeitsgrad.

Mission 1: Weiche Melodie aus Basic Square

Rohe, obertonreiche Wellenformen klingen immer sehr aggressiv, steril und unangenehm.

Die Rechteckwelle (Square) sägt – wenn ungebremst – mit ihrem Spielautomaten-Charme am zarten Trommelfell. Das lässt sich ändern. Wir wollen diesen aggressiven Sound in einen warmen, weich einschwingenden Melodieton umwandeln und ihm die Aggression nehmen. Die Sterilität eliminieren wir durch ein kleines Tremolo.

Hier die Schritte:

Weniger Aggression, mehr Wärme

- Drehen Sie Cutoff auf 80.

Mit dem Wegfiltern der oberen Harmonischen nimmt man jedem Sound die Schärfe. Das funktioniert natürlich am besten, wenn auch im unteren Bereich genug Stoff vorhanden ist – und das ist bei rohen ›analogen‹ Wellenformen fast immer der Fall.

Weiches Einschwingen

- Setzen Sie in ›Amp Env‹ die Regler ›A‹ und ›R‹ auf 35.

A(ttack) bestimmt die Einschwing-, R(elease) die Nachklingzeit. Durch weichen Lautstärkeverlauf wird dem Klang ein weiterer Zahn gezogen.

Animation

1. Setzen Sie im LFO den ›Rate‹-Regler auf 8.
2. Deaktivieren Sie den oberen ›Osc-P‹-Schalter, und aktivieren Sie dafür den ›Filt‹-Schalter.
3. Regeln Sie ›Amount‹ auf 20.

Der LFO moduliert jetzt die Cutoff-Frequenz im Filter und erzeugt damit ein samtiges Vibrato, das die Textur des Klanges fetter wirken lässt und ihm gleichzeitig die Sterilität nimmt.

Ihre Aufgaben

Kommen wir zu den Aufgaben, die Sie allein erledigen sollen. Dabei baut jeder Schritt auf dem vorigen auf, und ich gebe Ihnen jeweils noch einen Hinweis, welches Modul die vorgegebene Aufgabe erfüllt:

1. Steigern Sie die Aggression (Filter).
2. Ändern Sie die hohle Klangfarbe in eine vollere (Oscillator-Wellenform).
3. Wechseln Sie die Filter-Animation durch ein Vibrato aus.

Mission 2: Saftiger Bass aus Basic Saw

Den ebenfalls sterilen, aggressiven Sägezahn verwandeln wir mit wenigen Handgriffen in einen Bass, dessen Animation nach ›Fletschen‹ klingt, während die Textur unwillkürlich die Assoziation ›saftig‹ hervorruft.

Fletschen

1. Setzen Sie im Filter ›Cutoff‹ auf 70 und ›Env‹ auf 80.
2. Setzen Sie in ›Filter Env‹ den Regler ›A(ttack)‹ auf 13.

Damit wirkt die perkussiv eingestellte Filter-Hüllkurve und erzeugt die Animation. Das eigentliche Fletschen entsteht dadurch, dass die geringe Attack-Zeit das Filter kurz hochschnellen lässt.

Saftig

- Drehen Sie die Filter-Resonanz auf 0.7.

Schmatzen wird im analogen Synthesizer fast immer durch eine rapide hochschnellende Filter-Hüllkurve in Verbindung mit Resonanz erzeugt. Die Resonanzfrequenz des Filters selbst erzeugt durch die hochschnellende Bewegung einen Wassertropfen-ähnlichen Sound, der fast alle Grundsounds ›anfeuchtet‹.

Bass

- Setzen Sie ›Interval‹ in Oscillator 1 auf –12.

Ihre Aufgaben

1. Programmieren Sie den Bass so, dass er perkussiv abklingt und nicht mehr schmatzt (Hüllkurven).
2. Machen Sie ihn weicher, ohne das Filter zu benutzen (Oscillator Symm).
3. Sorgen Sie dafür, dass die Klangfarbe noch weicher wird und dabei statisch bleibt (Cutoff, Env im Filter).

Das Ergebnis sollte ein schöner Sub-Bass-Klang sein.

Mission 3: Opernstimme aus Basic Sine

Ein Sound, mit dem Sie zumindest die engsten Angehörigen beeindrucken können, denn er ist einfach zu programmieren, klingt aber schwierig: Eine durchdringende, mit Mörderbrustvibrato schwingende Operndiven-Stimme lässt sich mit wenigen ›Handgriffen‹ aus einer simplen Sinuswelle zaubern.

Beachten Sie die Reihenfolge der Schritte, die ich im Verlauf erläutere.

Vibrato

- Setzen Sie im LFO den ›Amount‹-Regler auf 0.2.

So klingt es schon mal nach Oper, auch wenn Toneinsatz und Klangfarbe noch nicht stimmen.

Weicher Toneinsatz

- Setzen Sie in ›Amp Env‹ den Regler ›A(ttack)‹ auf 26 und den Regler ›R(elease)‹ auf 44.

So ›hebt‹ die Stimme ›an‹, statt ›reingeklickt‹ zu werden, und sie verklingt langsam, statt abzubrechen.

Stimmgewalt

- Setzen Sie in Oscillator 1 ›Interval‹ auf 24. Drehen Sie Osc2 im Mixer auf 0.8, und wählen Sie als Wellenform für Oscillator 2 ›Sin‹. Setzen Sie hier ›Interval‹ auf 12 und ›Detune‹ auf 0.

Damit haben Sie eine oktavierte Sinuswelle hinzugefügt und dem Sound dadurch weit mehr Durchsetzungskraft verliehen.

I-Tüpfelchen

1 Im Modul ›Filt Env→Osc‹ drehen Sie den ›Amount‹-Regler auf –0.2 und aktivieren beide ›P‹-Schalter.

Nun wird die Tonhöhe von der Filter-Hüllkurve moduliert – eine Art lebendiger Intonation tritt auf. Da die Hüllkurve aber nicht auf Null landet, stimmt die Endtonhöhe noch nicht.

2 Stellen Sie die Regler in ›Filter Env‹ wie folgt ein: A: 0, D: 39, S: 0, R: 39.

Jede neue Note beginnt jetzt mit einem ›Einsingen‹ nach oben, was dem Sound die Sterilität nimmt. LFO und Pitch-Hüllkurve bilden also die gesamte Animation. Schalten Sie spaßeshalber mal beide aus, indem Sie alle ›P‹-Schalter deaktivieren – schon klingt's nur noch nach Telespiel. Animation ist also bedeutsam – und sie muss, wie hier, nicht unbedingt original sein, sondern nur einen originalen Eindruck erzeugen.

Ihre Aufgaben

1 Programmieren Sie das Vibrato so, dass es nur auf die obere Oktave wirkt und dadurch den Eindruck zweier Stimmen erzeugt.

2 Verändern Sie das Intervall der beiden Oszillatoren so, dass sich eine Orgelklangfarbe ergibt (Tipp: Abstand muss mindestens eine Oktave plus ein harmonisches Intervall sein).

3 Entfernen Sie das ›Einsingen‹.

4 Programmieren Sie einen perkussiven Lautstärke- und Klangfarbenverlauf (Amp Env).

Das Ergebnis sollte einer perkussiven Jazz-Orgel ähnlich sein.

Mission 4: Electronic Delay aus Basic Tri

Kleine Verschnaufpause: Bei dieser Mission verändern wir eigentlich nicht viel, sondern fügen lediglich eine kleine Animation hinzu, die dem Sound durch ein vorgetäuschtes Echo mehr räumliche Tiefe gibt.

Wellenform-Animation

1 Stellen Sie in Oscillator 1 den ›Symm‹-Regler auf 0.45 ein.

2 Deaktivieren Sie im LFO beide ›P‹-Schalter, und aktivieren Sie dafür den ›Symm‹-Schalter für Oscillator 1. Drehen Sie ›Amount‹ auf 0.6 hoch.

Nun vibriert der Sound hektisch zwischen weicher und obertonreicherer Wellenform. Das ist aber nicht die Animation, die wir wollen.

Echo-Wiederholungen

- Stellen Sie die LFO-Rate auf langsame 6, und drehen Sie den ›Symm‹-Regler auf Anschlag links.

Damit verändert sich die Form der LFO-Animation von weicher Rotation zu perkussiver Wiederholung – eben einem Echo.

Echo-Ausklang

- Setzen Sie in ›Amp Env‹ folgende Werte: A: 0, D: 50, S: 0, R: 50.

Wie Sie an der grafischen Kurve schon sehen können, klingt der Sound jetzt nach dem Anschlag ab – eben genau wie ein Echo.

Ihre Aufgaben

1 Verstärken Sie den Echo-Effekt mit dem Filter – bedenken Sie, dass Sie die Animation auch für das Filter aktivieren müssen.

2 Sorgen Sie für einen breiteren, schwebenderen Sound (Oscillator 2).

3 Kehren Sie das Echo so um, dass es wie ein Rückwärts-Effekt klingt.

4 Verstärken Sie die Animation abermals durch mehr Filterresonanz.

Das Ergebnis sollte etwa 200 Prozent kräftiger, breiter und deutlicher klingen als der erste Teil der Mission.

Mission 5: Höhenwind aus Basic Noise

Ein klassischer Synthesizer-Effekt, dessen Entstehung Sie hier Schritt für Schritt verfolgen können, ist der Wind.

Er entsteht aus dem weißen Rauschen, das in Form des Basic-Noise-Snapshots beißend, steril und abgehackt ist. Wir müssen diesem Sound eine dunklere Klangfarbe, das charakteristische Pfeifen sowie das An- und Abflauen hinzufügen. Eigentlich drei wirklich einfache Schritte, wenn man weiß, was man tut.

Höhenwind-Klangfarbe

- Drehen Sie Cutoff im Filter auf 60 und Resonanz auf 50.

Cutoff verdunkelt das Rauschen, die Resonanz färbt es stärker ein. Durch die Verdunkelung und die Färbung bekommt das Rauschen mehr Tiefe und Dimension – das liegt daran, dass es einem Hall ähnlicher wird. Die Aggression verschwindet.

An- und Abschwellen

Wenn der Wind an- und abschwillt, geschieht das auf zwei Ebenen: Er wird lauter und leiser, und die Höhe des ›eingebauten‹ Pfeifens folgt der Lautstärke. Das bilden wir mit Filter und Amplifier nach und nehmen dazu die entsprechenden Hüllkurven.

1 Stellen Sie ›Amp Env‹ so ein: A: 65, D: 65, S: 1, R: 65.

Die Lautstärke schwillt nun an- und ab, wenn Sie eine Taste drücken und loslassen.

2 Stellen Sie ›Filter Env‹ identisch wie ›Amp Env‹ ein, und drehen Sie im Filter den ›Env‹-Regler auf 30.

Nun folgt auch die Klangfarbe – das Pfeifen – dem Verlauf.

War doch einfach, oder? Viel Spaß beim ›Petrus spielen‹. Und danach schleunigst an die folgende Aufgabe, ausgehend vom Windgeräusch.

Ihre Aufgabe

1. Programmieren Sie einen knackigen, abklingenden Lautstärkeverlauf von etwa 150 ms Länge (Amp Env).
2. Machen Sie dasselbe im Klangfarbenverlauf, nur dass hier die Abklingzeit etwa dem Antritt einer Kickdrum entsprechen soll (Filt Env).
3. Dunkeln Sie die Klangfarbe extrem ab, und sorgen Sie dafür, dass der Filterverlauf sehr ausgeprägt ist (Cutoff, Reson, Env).

Das Ergebnis sollte eine superfette, knackige Techno-Bassdrum sein.

Mission 6: Superbreites Brass-Pad aus Basic PWM

Wie der Name erraten lässt, handelt es sich bei diesem Snapshot um einen noch weitestgehend initialisierten Sound. Klicken Sie einfach mal im LFO auf ›Osc 1 Sym‹: Sie hören eine völlig neutral eingestellte Pulswelle – keinerlei Klang- oder Lautstärkeformung. Reaktivieren Sie den Schalter wieder; der LFO moduliert nun die Pulsbreite in Oszillator 1. Dieses Feature wurde in Zeiten, da ein Oszillator ein richtiges Stück Hardware und deshalb teuer war, als Ersatz für einen zweiten Oszillator benutzt, denn der Effekt fügt dem ansonsten sterilen Sound eine schwebungsähnliche Animation hinzu.

Planen wir unseren Traumsound mal durch:

- Zunächst muss der Klang wesentlich breiter und fülliger werden. Das erreichen wir durch Hinzufügen des verstimmten Oscillator 2 und den Unisono-Mode.
- Anschließend wird der Brass-Effekt erzeugt, indem wir Oscillator 2 im Toneinsatz eine kleine Tonhöhenkurve vollführen lassen.
- Ein Flächensound muss warm und voll klingen. Dazu müssen wir eine Menge Obertöne beseitigen, was wir anschließend im Filter erledigen.
- Den weichen Klangverlauf programmieren wir zuletzt, und zwar mit der Lautstärke-Hüllkurve.

Breiter und fülliger

1 Drehen Sie ›Osc 2‹ im Mixer voll auf, und setzen Sie den ›Detune‹-Wert für Oscillator 2 auf 0.07.

Der Klang wird schon deutlich dicker und stabiler.

2 Setzen Sie in der Symbolleiste den Wert für UNISON auf 2.

Nun spielt jede Note zwei Stimmen – der Sound wird also verdoppelt.

3 Wählen Sie in der Menüleiste *Instrument > Properties*. Hier lässt sich einstellen, wie stark die Unisono-Stimmen gegeneinander verstimmt sind; stellen Sie ›Unison Spread‹ auf 0.1.

Nun liegen auf jeder Note vier Oszillatoren, die gegeneinander ordentlich verstimmt sind und einen superbreiten Sound bringen.

Bläser-Ansatz

Blasinstrumente benötigen im richtigen Leben immer ein paar Millisekunden Zeit, bis der Ton sich stabilisiert. In der Attack-Phase kreist die Tonhöhe also ein bisschen ums Ziel herum. Wenn man diesen Effekt mit einer Pitch-Hüllkurve nachbildet, erkennt das Ohr auf Grund seiner Hörgewohnheiten sofort: Aha, hier wird gepustet. Da es nicht um ein Solo-Instrument geht, sollte nur ein Teil der beteiligten Oszillatoren diesen Ansatz mitmachen, damit es innerhalb des Klanges schön zu Reibereien kommt. Wir programmieren also eine Pitch-Hüllkurve für Oscillator 2, und dazu kann man im Soundforum-Synthesizer nur die Filter-Hüllkurve zweckentfremden.

1 Aktivieren Sie im Modul ›Filt-Env→Osc‹ den Schalter ›P‹ in der unteren Reihe (Osc 2).

Nun klingt's aus zwei Gründen schrecklich: Die Abweichung ist zu stark, und da der Sustain-Level in der Filter-Hüllkurve nicht auf Null steht, landet der Ton irgendwo im Wald. Das beheben wir jetzt:

2 Setzen Sie in der Filter-Hüllkurve (›Filter Env‹) ›S‹ auf 0.

Klingt noch nicht allzu bläserähnlich, aber wir müssen nur den Toneinsatz in der Filter-Hüllkurve etwas aufweichen, um das hinzubekommen:

3 Setzen Sie in der Filter-Hüllkurve ›A‹ auf 20 und ›D‹ auf 40.

Nun noch die allzu starke Verstimmung nivellieren:

4 Stellen Sie im Modul ›Filt-Env→Osc‹ den ›Amount‹-Regler auf 0.02.

Und fertig – der Ton spotzt am Anfang schon ganz schön.

Bedenken Sie bitte, dass ich Ihnen momentan noch alles mundgerecht vorkaue. Nach dem Freischwimmer werden Sie diese Feineinstellungen durch ständiges Abstimmen mehrerer Parameterwerte selbst herausfinden können.

Fettes Schmatzen

Für einen Flächensound ist das Gebilde noch viel zu aggressiv und beißend. Das meißeln wir im Filter weg:

1 Senken Sie Cutoff im Filter auf 70 ab, drehen Sie Env auf 30.

Nun klingt es wesentlich weicher, das Filter fährt mit der Filter-Hüllkurve mit und trägt dadurch zum charakteristischen Bläser-Schmatzen bei. Bei Bläsersounds braucht man jedoch kein allzu scharfes (sprich: steiles) Filter, deshalb:

2 Schalten Sie den Filter-Modus auf LP2 und drehen Sie ›Reson‹ auf 0.4.

Nun ist das Filter von 24 dB/Oktave auf 12 dB/Oktave abgeflacht und lässt mehr Seide durch. Die Resonanz hebt den Mittenbereich um die Cutoff-Frequenz an und gibt dem Sound mehr Körper.

In die Fläche gehen

Da das Ergebnis ein Flächensound werden soll, muss er natürlich weich ein- und ausschwingen. Das ist sehr einfach zu erreichen:

- Stellen Sie in der Lautstärke-Hüllkurve (›Amp Env‹) ›A‹ auf 35 und ›R‹ auf 55.

Fertig – und Zeit zum Abspeichern mit einem Klick aufs Kamera-Symbol.

Ihre Aufgaben

1 Programmieren Sie aus diesem Sound einen noch viel breiteren, schwebenden Sweep. Beim Sweep muss das Filter mit relativ hoher Resonanz langsam auf- und zugefahren werden.

2 Erstellen Sie aus dem Brass-Pad eine Grundlage für Solo-Bläsersounds und daraus Annäherungen an die folgenden Instrumente: Klarinette, Oboe, Trompete.

Tipp: Für Holzbläser sollten Sie mal den Bandpass ausprobieren.

3 Wie erzeugt man aus diesem Sound einen ›technofähigen‹ Hookline-Sound? Versuchen Sie's.

Tipps: Kein Filterverlauf, dafür hohe Resonanz bei hohem Cutoff. Alles, was Schwebungen erzeugt, unnatürlich stark einstellen.

Mission 7: Pitched Reverb aus Basic String

Jeder Synthesizer kann Hall erzeugen – natürlich nicht den Nachhall eines eingegebenen Audiosignals, sondern eine Art ›gestimmten‹ Hall, den man dann mit einem direkteren Sound kombinieren kann. Das Schöne daran ist, dass der Hall sich mit den Synthesizer-Parametern völlig frei gestalten lässt. Einen solchen Sound basteln wir aus dem Basic-String-Preset.

Zuerst wieder die Planung im Kopf:

- Mehr Räumlichkeit bedeutet weniger Direktheit – deshalb muss der Grundsound in den Oszillatoren erst einmal diffuser und weicher gemacht werden.
- Das Filter formt die Raumcharakteristik und darf demzufolge weder zu viele Obertöne durchlassen, noch mit Hüllkurve, noch mit Key-Tracking moduliert werden. Außerdem muss es einen leicht kühlen Klangeindruck durch Absenkung von Tiefenanteilen fördern.
- Für einen längeren Halleindruck müssen wir die Nachklingzeit verlängern.

Diffusion

Statt Pulswellen wie im Ausgangsklang benutzen wir hier weiche Dreiecke.

1 Schalten Sie beide Oszillatoren auf ›Tri‹, und stellen Sie die ›Symm‹-Regler auf 0.3.

Damit ist der Grundsound schon mal wesentlich weicher.

2 Diffusion können wir auch durch Reibung der Tonhöhen erzeugen – verstärken Sie diese durch Anhebung des ›Amount‹-Reglers im LFO auf 0.17 – da der LFO nur auf einen Oszillator wirkt, entsteht eine sehr breite, diffuse Schwebung.

Formung des Raumes

Das Filter soll in diesem Fall keinen Klangverlauf erzeugen, sondern – ähnlich etwa einer Mundhöhle – dem Klang einen festen Grundcharakter aufprägen.

1 Setzen Sie im Filter die ›Env‹- und ›K-Track‹-Regler auf 0.

Damit bleibt das Filter konstant.

2 Schalten Sie das Filter auf BP4, setzen Sie ›Cutoff‹ auf 75 und ›Reson‹ auf 0.6.

Mit dem 4-Pol-Bandpass lässt das Filter nur einen ›höhlenartigen‹ Frequenzbereich um die Cutoff-Frequenz durch. Die Resonanz verstärkt diese Frequenzen zusätzlich.

Nachklingzeit

◆ Setzen Sie in ›Amp Env‹ den Regler ›R‹ auf 60.

Fertig. Aber das ist nur der Ausgangspunkt für eine Reihe von raumartigen Sounds, die Sie nun selbst programmieren sollen.

Ihre Aufgaben

1 Verändern Sie den Sound mit Hilfe von Noise so, dass er wie ein Echolot klingt.

2 Verändern Sie das Echolot so, dass es sich als Hall für Elektronik-Drums eignet (weniger Tonhöhe).

3 Kombinieren Sie den Sound mit Direktsignalen aus anderen Synthesizern, und passen Sie den Hall jeweils an das Direktsignal an.

4 Finden Sie heraus, wie Sie Hallparameter wie Pre-Delay, Early Reflections, Decay-Time, Room-Size oder Höhendämpfung im Synthesizer umsetzen.

Einblick

In diesem Kapitel haben Sie – ohne es vielleicht bewusst wahrgenommen zu haben – gesehen, dass die Umsetzung einer Klangvorstellung durchaus möglich ist. Denn wir haben ja nichts anderes getan, als uns eine komplexe Klang-Skulptur vorzustellen und sie aus einem Basis-Sound herauszumeißeln.

Sounddesigner müssen in der Regel wie Informatiker arbeiten – der Weg ist die Zerlegung eines großen Problems in viele kleine, einfacher zu lösende. Das haben wir in diesem Kapitel ausprobiert – jede Klangveränderung haben wir vorher beschrieben und dann schrittweise durchgeführt.

Die einzelnen Schritte nun selbst zu planen und auszuführen dürfte Ihnen momentan noch etwas schwerer fallen, da Ihnen die Übung fehlt.

Entscheidend ist, dass Sie sich für die erste Zeit an folgende Schritte halten (ob Sie die auf Papier notieren oder im Kopf durchspielen, hängt von Ihnen ab):

1 Stellen Sie sich den Klang, den Sie erreichen wollen, genau vor.

2 Dank unserer ausführlichen Einführung in das Thema ›Klangebenen‹ sollten Sie Ihre Klangvorstellung in Grundeigenschaften wie Dimension, Temperatur, Textur, Animation und Aggression zerlegen können. Benutzen Sie diese, um den Klang zu beschreiben.

3 Suchen Sie sich im Soundforum-Synthesizer ein Preset, das dieser Beschreibung möglichst nahe kommt.

4 Planen Sie nun schrittweise, wie Sie dieses Preset in Richtung Ziel bearbeiten müssen.

5 Beginnen Sie, wie wir es oben vorexerziert haben, mit dem Grundklang (Oszillator-Wellenformen und Oszillator-Mix, Verstimmung, Tonhöhen-Modulationen). Gehen Sie weiter über das Filter und kümmern Sie sich zum Schluss um den Lautstärkeverlauf.

Ausblick

Da sich synthetische Sounds immer wieder an akustischen Instrumenten orientieren, gibt es bestimmte immer wieder auftauchende Klangbausteine. Eigentlich müsste man die in jedem Synthesizer in jedem Modul einfach aufrufen können, und tatsächlich finden sich solche Hüllkurven- oder Oszillator-Presets ja in einigen Sound-Editoren.

Eine Art ›Preset-Sammlung‹ für Grundklang, Modulationen, Filterung und Lautstärkeformung sollte jeder Soundprogrammierer mit sich herumschleppen. Auch die abgedrehtesten Sounds sind oft eine (neuartige) Zusammenstellung von Preset-Bausteinen mit ein wenig Bearbeitung. Wenn Sie immer erst eine halbe Stunde überlegen müssen, wie Sie Grundtechniken wie fette Bässe, seidige Strings oder röhrende Leads hinbekommen, macht das Sounddesign keinen Spaß und dauert endlos lange.

Genau ein solches Repertoire möchte ich Ihnen im nächsten Kapitel vorstellen – eine Fülle von Klangbausteinen, aus denen Sie im Soundforum-Synthesizer ganze Sounds zusammensetzen können.

9

Puzzle-Programming

Puzzle-Programming heißt auf gut deutsch so viel wie: Das Programmieren von Sounds aus Bausteinen. Durch Kombinieren solcher Puzzleteile werden Sie später gleichsam mit verbundenen Augen Hunderte von Synthesizersounds allein basteln.

Nach dem im letzten Kapitel absolvierten Profikurs gibt es nun erst mal wieder eine Art Verschnaufpause fürs Denkvermögen.

Wir haben bisher schon einige Arten kennen gelernt, wie man eine Klangvorstellung in einen Synthesizersound umsetzt:

- Zerlegen des erträumten Klanges in die fünf Ebenen Dimension, Temperatur, Animation, Textur und Aggression und Aufbau des Klanges nach diesen Gesichtspunkten.
- Abändern komplexer Sounds in die gewünschte Richtung.
- Erweitern von Basis-Presets zu komplexen Klängen. Das haben wir etwa mit den ›Basic‹-Snapshots des Soundforum-Synthesizers angestellt.

Hier ist eine weitere Methode:

Puzzeln

Erwiesenermaßen gibt es bei vielen Synthesizer-Besitzern, denen das Programmieren eines Klanges von Null auf Hundert schwer fällt, durchaus das Talent zum Zusammensetzen von Puzzleteilen, und letztlich soll alles erlaubt sein, was zum Ziel führt.

Man wird ja als routinierter Soundprogrammierer immer wieder gefragt, wieso man eigentlich mit jedem beliebigen Synthesizer sofort klar kommt, wo FM doch so schwer ist und ein Nord Lead doch ganz andere Parameter hat als ein Minimoog.

Ein Grund dafür liegt sicher darin, dass sich mit der Zeit im Hinterstübchen eine profunde Anzahl an Puzzleteilen ansammelt, aus der man irgendwann einfach nur noch schöpfen muss. Das erklärt übrigens auch, warum gerade langjährige Soundprogrammierer auf jedem Synthesizer dieselben Sounds hinbekommen.

Wir werden mit den Grundklangfarben beginnen, und zwar mit denen für das Fundament – den Bässen. Als Nächstes werden wir uns den polyphonen Klangfarben zuwenden. Und zum Abschluss befassen wir uns mit Verläufen und Modulationen.

Nach Abschluss der Sektion Puzzle-Programming werden Sie in der Lage sein, sich selbst einen Fundus an Puzzleteilen in jedem Synthesizer zurechtzulegen und Ihre persönliche, im Hinterkopf fest abgelegte Soundsammlung zu erweitern.

Zu diesem Kapitel gibt es übrigens ein neues Ensemble mit der Bezeichnung *puzzle.ens*, das Sie am besten jetzt gleich laden.

Klangfarbe und Klangbild

Keine Angst, wir beginnen jetzt nicht mit oberlehrerhaften Elogen über die reine Lehre von Schall und Schwingung. Es geht ums bessere Verständnis von Klangfarbe und Klangbild.

Neben vielen anderen ist eine mögliche Definition eines Klanges diejenige, dass die Klangfarbe eine Momentaufnahme eines Klanges ist – also die Zusammensetzung von Obertönen zu einem bestimmten Zeitpunkt. Durch Hinzufügen von zeitlichen Verläufen wird daraus dann ein Klangbild.

Grundklangfarben

Die Snapshots für den Soundforum-Synthesizer, die ich hier vorstelle, sind Ausgangspunkte zum Hinzufügen von Elementen wie Modulation, Filterverlauf und Lautstärkeverlauf. Erst dann ergibt sich ein vollständiger Sound.

Den Grundklangfarben fehlt also die Animation völlig. Es liegt an Ihnen, daraus fertige Sounds zu basteln, und genau darauf kommt es in diesem Stadium des Soundforum-Kurses auch an.

Unter der Überschrift ›Modifikationen‹ habe ich die jeweils wichtigsten Schritte hin zum fertigen Sound beschrieben, die Ihnen allerdings eigentlich schon weitgehend geläufig sein müssten.

Was ist in den Klangfarben weggelassen?

In den Snapshots zu diesem Kapitel ist alles weggelassen, was über die Grundklangfarbe hinausgeht.

So ist ›Cutoff‹ auf den Wert gesetzt, den der Sound bei minimaler Hüllkurve/Modulation haben soll. Per ›Env‹-Regler setzen Sie später die Hüllkurve in Gang. Momentan ist der Regler natürlich in den Klangfarben neutral, also auf Null, eingestellt.

Modulationen, soweit nicht für die Klangfarbe nötig (etwa für Schwebungen), sind ebenfalls deaktiviert.

Was Sie also nach Aufrufen des Snapshots hören, ist kein Sonnenaufgang, sondern ein recht dunkler, steriler Grundton – das Holz, aus dem Sie dann ein Jahrhundertwerk schnitzen dürfen.

Nicht, dass wir uns missverstehen: Alle Snapshots, die ich im Verlauf der Baukasten-Reihe vorstelle, sind nur Vorschläge und Anregungen. Eine vollständige Bibliothek sind sie nicht, denn sonst bliebe Ihnen ja nichts mehr zu lernen oder zu tun.

Viel wichtiger als meine Beschreibungen ist Ihre Eigeninitiative. Oder um ein plattes Beispiel zu bemühen: Wenn ich Ihnen in einem Fotokurs zeigte, wie man ein Haus fotografiert, so können Sie mit derselben Technik schließlich auch einen Baum oder ein Auto knipsen.

Welche Regler bewirken was?

Nun fragen Sie sich vielleicht, welche Regler Sie eigentlich anfassen sollen, um aus einer öden Grundklangfarbe einen fertigen, dynamischen Sound zu kreieren. Die nachstehende Tabelle gibt die Antwort.

Modul	*Regler*	*Auswirkung*
Filter Env	alle	Form des Klangfarbenverlaufes
Filter	Env	Auslenkung des Klangfarbenverlaufes
Amp Env	alle	Form des Lautstärkeverlaufes
LFO	Amount	Auslenkung der Modulation
Filt-Env→Osc	Amount	Auswirkung des Klangverlaufes (Filter Env) auf Tonhöhe, Wellenform oder Lautstärke eines Oszillators
Mixer	Osc 2	Mischungsverhältnis der Wellenformen
Oscillator 1, 2	Wellenform, Sym	Grundwellenform des Oszillators
Oscillator 2 Detune		Schwebung
Oscillator 1, 2	Interval	Klangspektrum (z. B. Oktave)
Oscillator 1	FM	Bei FM-basierten Klängen: Anzahl und Lautstärke der durch die FM erzeugten Obertöne
Mixer	RingMod	Anteil der Ringmodulation am Klangspektrum

Diese Tabelle können Sie sich übrigens gern kopieren und übers Bett hängen, denn sie gilt allgemein für alle Sounds im Soundforum-Synthesizer und in anderen Synthesizern.

Sub Bass

Beginnen wir mal mit einem relativ einfachen Beispiel. Als Sub-Bass bezeichnet man richtig ultratiefe Bässe, quasi die Existenzberechtigung für Subwoofer.

Als Sub-Bass wird oft ein Sinus unter einen bestehenden Bass gemischt, da obertonreichere Bässe oft nicht genug Tiefendruck haben.

Unser Beispiel kombiniert beides: Oscillator 1 erzeugt einen knurrigen Grundton, unter den Oscillator 2 eine Sinusoktave legt. Einfach, aber wirkungsvoll.

Modifikationen

- Grundklangfarbe: Mit ›Cutoff‹ im Filter und ›Symm‹ in Oscillator 1 können Sie bestimmen, wie viel ›Farbe‹ der Sound haben soll. Das Mischungsverhältnis von Osc 1 und Osc 2 regelt den Bassanteil besser als jeder EQ.
- Klangverlauf: Drehen Sie im Filter den ›Env‹-Regler so weit auf, bis der Sound ›undunkel‹ genug ist.
- Der ›D(ecay)‹-Regler in ›Filter Env‹ bestimmt die Knack-Länge.

Octave Square Bass

Beliebt für 80er- bis hin zu technoiden Musikrichtungen ist diese hohle, sehr durchsetzungsfähige Bass-Klangfarbe, die sich aus zwei oktavierten Rechteckwellen zusammensetzt.

Eine leichte Filter-Resonanz ›schärft‹ die Kanten und lässt den Sound aggressiver wirken. Ansonsten gibt's hier nicht viel zu erklären.

Modifikationen

- Grundfarbe: Über das Mischungsverhältnis von Osc 1 und Osc 2 können Sie die Aggression variieren.
- Klangverlauf: Drehen Sie im Filter den ›Env‹-Regler so weit auf, bis der Sound ausreichend peitscht.
- Der ›D(ecay)‹-Regler in ›Filter Env‹ bestimmt die Länge des Filterknacks.
- Mehr oder weniger Filter-›Reson(ance)‹ lässt den Sound mehr oder weniger elektronisch wirken.
- Pulsbreite halbieren, und schon wird's ein 70er-Discobass.

TB Bass

Die gute alte TB-303, Synonym für technoides Geknarze für die Leistengegend, ist technisch gesehen einem Eierkocher nur minimal überlegen. Ihr Sound lässt sich deshalb relativ simpel auf jedem Synthesizer nachmachen.

Man braucht im Grunde nur folgende Kombination aus Grundzutaten:

- Der Oszillator erzeugt entweder eine Sägezahnwelle oder eine Rechteckwelle. Das können Sie im Snapshot durch Aufdrehen von entweder Osc 1 oder Osc 2 bestimmen.
- Das Filter müsste eigentlich ein 18-dB-Tiefpass sein, wir wählen aber mit LP2 ein 12-dB-Filter: Je flacher, desto knarz.
- Die Resonanz muss ordentlich aufgedreht sein, und das Filter muss ›sweepen‹, also von der Hüllkurve gepeitscht werden.

Modifikationen

- Stellen Sie eine einfache Filter-Hüllkurve ein, und drehen Sie im Filter den ›Env‹-Regler für den Sweep so weit auf, wie Sie es ertragen.
- Für abstrusere Klangfarben schalten Sie das Filter auch mal auf Hochpass oder Bandpass.

❖ Am besten hängen Sie irgendeinen Distortion- oder Overdrive-Mechanismus dahinter. Erst dann ist der Sound credible.

Black Bass

Gutmitmenschen mögen mir verzeihen, dass ich die Klangfarbe nicht mit ›An amerikanische Mitbürger afrikanischer Abstammung gemahnender Tiefton‹ bezeichnet habe: Die Abkürzung passt einfach besser ins Snapshot-Menü. Dieser Bass-Sound ist eigentlich auch ein Standard in jedem Nähkästchen. Man stelle sich Siebziger, Bronx, Boomboxen und schwelende Mülltonnen vor. Da kommt der Sound her.

Heutzutage wird so was gern unter ›deutschen Hip-Hop‹ nach Viva-Art gelegt (Erkennungsmerkmal: zugewucherte Schlaffis mit Piercings dritten Grades schwäbeln oder hamburgern holperig über die Lebensthemen angehender Clearasil-User).

Bestimmend für den Black Bass ist die Differenz von zwei Oktaven zwischen den beiden Oszillatoren. Für die untere nimmt man wegen des Drucks eine Pulswelle, für die obere Oktave einen definierter klingenden Sägezahn.

Im Grunde ist es auch damit schon erledigt.

Modifikationen

❖ Grundfarbe: Die Wellenform von Oscillator 1 bestimmt die Schneidekraft im Arrangement.

❖ Klangverlauf: Drehen Sie im Filter den ›Env‹-Regler auf. Am authentischsten klingt so ein Black Bass mit extrem kurzer Filter-D(ecay)-Zeit.

❖ Mehr oder weniger Filter-Reson(ance) lässt den Sound mehr oder weniger elektronisch wirken.

❖ Für Roboter-Soundtracks und bösen Techno können Sie Oscillator 1 ein Vibrato verpassen. Ein Klick auf den ›Osc 1 P‹-Schalter im LFO genügt bei diesem Snapshot.

Sync Bass

Oszillator-Sync erzeugt einen obertonreichen, sägenden und sehr durchsetzungsfähigen Bass-Sound. Da der synchronisierte Oszillator (Osc 2) zwar an Obertönen gewinnt, dafür aber Bassanteile verliert, wird Oscillator 1 hinzugemischt.

Beide Oszillatoren sind auf Puls gestellt, weil das den drahtigsten Sound ergibt.

Oscillator 2 ist eine Quinte oberhalb von Oscillator 1 gestimmt, weil erst bei Tunings oberhalb dieses Punktes die metallischen Sync-Obertöne hervortreten. Damit der Oszillator die erreicht, muss er per Pitch-Hüllkurve moduliert werden.

Modifikationen

- Sägeblatt: Die Schärfe des Klanges bestimmen Sie durch die Mixer-Einstellung von Osc1 (Fundament) und Osc2 (Sync/Metall).
- Klangverlauf: Drehen Sie ›Env‹ im Filter-Modul auf, bis der Sound genug Biss hat.
- Sync-Kurve: Wenn Sie im Modul ›Filt-Env→Osc‹ den ›P‹-Schalter für Osc 2 aktivieren, kommt der eigentliche Sync-Effekt erst zum Tragen.
- Alternativ können Sie Oscillator 2 etwas höher transponieren und mit einem langsamen LFO ein Flanging erzeugen. Im Snapshot ist der LFO dafür vorbereitet. Sie müssen nur noch den Schalter ›Osc 2 P‹ im LFO aktivieren.

Fat PWM Bass

Zur Wiederholung: PWM bedeutet Pulse Width Modulation, zu deutsch ›Pulsbreitenmodulation‹. Dabei macht eine schnelle Modulation der Pulsbreite den Sound dick, breit und schwebend. Das nutzt diese Bass-Klangfarbe aus.

Oscillator 1 und 2 sind fast identisch eingestellt. Die Pulsbreite ist auf einen niedrigen Wert gesetzt, denn die Modulationen durch die Filter-Hüllkurve oder den LFO wirken immer additiv. Die Oszillatoren sind zur Erweiterung der Tiefendimension oktaviert und gegeneinander schwebend verstimmt. Soweit zum Grundsound.

Modifikationen

- Grundklangfarbe: Sie können die Oktavierung aufheben, wenn der Sound eher definiert als ultratief sein soll. Mischungsverhältnisse oder Wellenformen sollten Sie jedoch nicht antasten.
- Klangverlauf: Mit dem Regler ›Env‹ im Filter drehen Sie einen Klangverlauf hinein, der auf langsamen Sweep voreingestellt ist.
- Modulation 1: Sie können die Pulsbreite mit dem Klangverlauf mitlaufen lassen – der Effekt ähnelt einer Flanging-Kurve. Aktivieren Sie dazu die beiden ›Sym‹-Schalter im Modul ›Filt-Env→Osc‹.
- Modulation 2: Die Pulsbreitenmodulation können Sie alternativ oder zusätzlich auch vom LFO kommen lassen – hier ist sie keine Kurve, sondern eine Art Rotation. Aktivieren Sie dazu im LFO die beiden ›Sym‹-Buttons.

Fetter bekommt man den Sound im Soundforum-Synthesizer nur noch mit Unisono.

E-Pianos

Elektrische Pianosounds lassen sich mit analogen Synthesizern nur sehr begrenzt realisieren. Da der Soundforum-Synthesizer jedoch einfache FM anbietet, reicht sein Potenzial, wenn auch nicht für absolut authentische, so doch für brauchbare Sounds von DX-Rhodes bis Wurlitzer.

Basis sind Sinuswellenformen, denen per FM das charakteristische, glockige Spektrum hinzugefügt wird.

Modifikationen

- Die Grundklangfarbe bestimmen Sie vor allem in Oscillator 1, indem Sie dort die Regler ›Interval‹ und ›FM‹ aufeinander abstimmen. Ein Wurlitzer-Sound ergibt sich beispielsweise bei ›Interval‹ 12 und ›FM‹ 4000.
- Die Auslenkung des Klangfarbenverlaufes bestimmen Sie im Filter (›Env‹) und mit dem ›Amp‹-Regler für Osc1 im Modul ›Filt-Env→Osc‹.

Plucked Strings

Unter diesem Begriff fasst der Amerikaner jegliche Art von gezupften oder angeschlagenen Saiten zusammen. Soundbeispiele reichen von Harfe über Clavinet bis E-Gitarre – alles Drahtige also, vereinfacht gesagt.

Auch das realisiert man im Soundforum-Synthesizer am einfachsten mit FM.

Die hier vorgestellte Grundklangfarbe basiert auf einer nasalen Pulswelle aus Oscillator 1 (›Symm‹-Regler auf 0.5 oder höher). Den drahtigen Anteil steuert die FM von Oscillator 2 bei.

Modifikationen

- Die Grundklangfarbe bestimmen Sie mit der Pulsbreite (Oscillator 1 ›Symm‹) zwischen Harfe und Cembalo.
- Im Mixer können Sie zwischen rundem (nur Osc 1) und nasalem Grundsound (nur Osc 2) stufenlos regeln.
- Die Klangfarbe des Drahtanteiles variieren Sie mit dem ›FM‹-Regler und/oder dem ›Interval‹-Regler in Oscillator 2 (da beide Oszillatoren gesynct sind, können Sie hier nichts ›Falsches‹ – sprich Unharmonisches – einstellen).
- Knackigen Biss erzeugt erst ein Filterverlauf, den Sie über den ›Env‹-Regler im Filter hinzufügen.

Bells/Mallets

Glockige und metallische Klänge entstehen durch unharmonische Obertöne, und die wiederum lassen sich in einem ›analogen‹ Synthesizer am ehesten mit Ringmodulation realisieren.

Modifikationen

- ❖ Obertöne gegen Grundton: Durch das Mischungsverhältnis von ›Osc 2‹ und ›RingMod‹ im Mixer können Sie bestimmen, ob der Klang rund oder eher metallisch sein soll.
- ❖ Metallsorte: Der ›Interval‹-Regler in Oscillator 1 bestimmt die Grundklangfarbe. Wichtig: Harmonische Werte erzeugen keine metallischen Klangfarben, Sie müssen also die ›krummen‹ bevorzugen.
- ❖ Härte des Schlages: Der ›FM‹-Regler in Oscillator 1 regelt die Anzahl der Obertöne, die sich in der Helligkeit/Schärfe des Klanges auswirkt. Der ›Env‹-Regler im Filter bestimmt wieder die Auslenkung des Klangverlaufs.

String Ensemble

Zu dieser Grundklangfarbe gehört bereits eine ›eingebaute Modulation‹, denn der Sound von echten Streichern lebt von den Schwebungen und Klangfarbenunterschieden zwischen den vielen beteiligten Instrumenten.

Der Grundklangfarbe einer Geige oder eines Cellos kommt unter den analogen Wellenformen die Pulswelle (ab ›Symm‹ = 0.5) noch am nächsten. Beide Oszillatoren müssen hier ran. Den Ensemble-Eindruck erzeugen Sie durch Verstimmung und Modulation der Pulsbreite (Klangfarbe).

Modifikationen

- ❖ Die Grundklangfarbe variieren Sie durch die ›Symm‹-Regler der beiden Oszillatoren.
- ❖ Mit dem ›UNISON‹-Parameter (in der Menüleiste rechts) können Sie die ›gefühlte‹ Anzahl der Instrumente variieren – mehr als 2 sollten Sie hier schon einstellen.

- Den Ensemble-Faktor erzeugt der LFO durch Modulation der Pulsbreite. Mit ›Rate‹ und ›Amount‹ können Sie die Abweichungen unter den Instrumenten variieren.
- Für das charakteristische Anstrichgeräusch können Sie die Pulsbreite zusätzlich noch über die Filter-Hüllkurve steuern (›Amount‹-Regler im Modul ›Filt-Env→Osc‹) und den ›Env‹-Regler im Filter etwas aufdrehen.

Brass

Brass-Sounds – also Blechbläser – sind im Vergleich zu allem Metallischen oder Stimmhaften auf jedem analogen Synthesizer gut hinzubekommen.

Man benötigt zwei Sägezähne, ein bisschen Tonhöhenmodulation, und fertig.

Mit unserem Beispiel können Sie von Horn über Trompete bis Tuba jedweden Brass-Sound in Solo- oder Ensemble-Version hinbekommen.

Modifikationen

- Ob Solo oder Ensemble, das bestimmen Sie durch das Mischungsverhältnis von Osc 1 und Osc 2 im Mixer. Für Solo sollten Sie nur Osc 2 aufgedreht lassen.
- Den Verlauf des Tonansatzes regeln ›A(ttack)‹- und ›D(ecay)‹-Regler in ›Filter Env‹.
- Die Tonhöhenabweichung im Ansatz bestimmt der ›Amount‹-Regler im Modul ›Filt-Env→Osc‹.
- Die Klangfarbenauslenkung regelt wie immer der ›Env‹-Regler im Filter-Modul.
- Ob Horn oder Trompete, das bestimmen Sie durch Cutoff und Reson(ance) im Filter. Hörner brauchen eher hohe Resonanz und niedrigen Cutoff, außerdem sollten Sie Bandpass statt Tiefpass nehmen (BP4 oder BP2).

Voices

Die Grundklangfarbe einer menschlichen Stimme ist im Soundforum-Synthesizer nur durch eine komplexe Kombination aus FM, Ringmodulation und Bandpass-Filter hinzubekommen. Dann aber ergibt sich sogar eine Solo-Stimme, deren Formungsmöglichkeiten man einem analogen System nicht zutrauen würde.

Bemerkenswerterweise bleiben hier trotz Transposition die Formanten über die gesamte Tastatur konstant – wie auch der Kehlkopf sich nicht mit der Tonhöhe vergrößert oder verkleinert. Fragen Sie mich (und sich) lieber nicht, wie das Ganze genau funktioniert – freuen Sie sich einfach darüber, dass es das tut, und machen Sie sich damit vertraut, wie Sie selbst eingreifen können.

Modifikationen

- ❖ Den Vokal bestimmt der ›Symm‹-Regler in Oscillator 1.
- ❖ Die Stimmfarbe können Sie mit ›FM‹ in Oscillator 1 und ›Interval‹ in Oscillator 2 variieren (darf nur Oktaven oder Quinten annehmen).
- ❖ Mehr Tiefe erzielen Sie, indem Sie im Mixer ›Osc 1‹ dazuregeln oder die Cutoff-Frequenz des Bandpass-Filters herunterdrehen.
- ❖ Für Vokalverläufe drehen Sie den Regler ›Amount‹ im Modul ›Filter-Env→Osc‹ auf und lassen so den ›Symm‹-Regler in Oscillator 1 von der Filter-Hüllkurve automatisieren. Der entsprechende LFO-Regler erzeugt hier eher lustige Effekte.

Choir

Erwarten Sie auch hier keinen Ersatz für den im Stau stecken gebliebenen Thomanerchor. Chor-Klangfarben, die die Funktion eines Chores erfüllen und sich darüber hinaus sogar prima als Pseudo-Hall unter beliebige Instrumente doppeln lassen, kann man jedoch im Soundforum-Synthesizer recht einfach nachbilden. Die Grundklangfarbe wird wieder per FM erzeugt, der Unisono-Modus bestimmt die Anzahl der Chormitglieder.

- Über das ›Interval‹-Verhältnis von Oscillator 1 zu Oscillator 2 sowie die FM-Stärke können Sie bestimmen, ob es ein Männer-, ein Frauen- oder ein gemischter Chor sein soll – oder etwas völlig anderes. Ein Männerchor etwa ergibt sich bei –12:0 und FM 2850, der Frauenchor bei 0:24 und FM 1650.
- Die Größe des Chors bestimmt der ›UNISON‹-Parameter rechts in der Menüleiste.
- Den Grundsound müssen Sie mit Cutoff und Reson(ance) ausbalancieren. Hier müssen Sie sehr vorsichtig sein, um den richtigen Kompromiss zwischen ›zu dumpf‹ und ›quäkig‹ zu finden.

Breath

Unter diesen Fachbegriff fällt alles an Klangfarben, was durch Luftströme entsteht, die eine harmonische Schwingung erzeugen. Beispiele reichen von der Flöte (viel Ton, wenig Luft) über die geblasene Flasche (mehr Luft, weniger Ton) bis zum Höhlenwind (viel Luft, kaum Ton).

Dafür benötigt man drei Komponenten: Ton, Geräusch und Formanten. Den Ton erzeugt Oscillator 2, das Geräusch die Nois(e)-Wellenform in Oscillator 1, und die Formung der Formanten übernehmen Cutoff und Reson(ance) im Filter.

- Den tonalen Anteil drehen Sie mit dem ›Osc 2‹-Regler im Mixer hinein, seine Klangfarbe bestimmen Sie mit dem Wellenform-Schalter.
- Den Geräuschanteil können Sie auf zwei Arten hinzudrehen: Mit dem ›Osc 1‹-Regler im Mixer mischen Sie das Rauschen direkt hinzu. Über den ›FM‹-Regler in Oscillator 1 lassen Sie die Tonhöhe des tonalen Anteils vom Rauschen modulieren – ein dunklerer, bei Solo-Instrumenten natürlicherer Effekt, weil der Ton rauer wirkt.
- Die Klangformung bestimmen Sie mit Cutoff (dunkler – heller) und Reson(ance) (runder – nasaler).
- Der Tonansatz wird von der Filter-Hüllkurve (›Filter Env‹) gebildet und kann durch den ›Env‹-Regler im Filter geregelt werden.

❖ Da der ›Amp‹-Button im Modul ›Filter-Env→Osc‹ aktiviert ist, folgt der Geräuschanteil immer der Filter-Hüllkurve.

Hüllkurven

Haben wir bislang die statischen Grundklangfarben beleuchtet, so ergänzen wir diese jetzt durch programmierbare Zeitverläufe – so genannte ›Hüllkurven‹, die so heißen, weil sie eine Art Hülle über den statischen Klangverlauf legen.

Die Module im Synthesizer, die Hüllkurven erzeugen, sind die Hüllkurvengeneratoren, englisch ›Envelope Generators‹.

Der Soundforum-Synthesizer besitzt zwei davon – einen für das Filter (Filter Env) und einen für die Lautstärke (Amp Env).

Die Filter-Hüllkurve lässt sich über das etwas kryptisch benannte Modul ›Filt-Env→Osc‹ auch auf die Oszillatoren anwenden, um Tonhöhe, Pulsbreite oder die Lautstärke eines einzelnen Oszillators zu beeinflussen.

Zu diesem Abschnitt gibt es 17 Snapshots. Sie repräsentieren Hüllkurven-Presets gängiger, wiedererkennbarer Instrumente. Damit Sie die Snapshots dieses Kapitels leicht von den Beispielen der vorangegangenen unterscheiden können, beginnen ihre Bezeichnungen mit dem Kürzel ›ENV‹.

Jeder Hüllkurven-Snapshot ist eine Kombination aus:

❖ Filter Env,

❖ Amp Env und

❖ leichten Anpassungen des Filters (Cutoff, Env).

Der Grundsound ist bis auf wenige Ausnahmen derselbe und passt selten wirklich, aber das ist auch nicht entscheidend – es geht ja nur um die Hüllkurven.

Gehen Sie die Snapshots einmal im Schnelldurchlauf durch. Spielen Sie die Sounds halbwegs stilecht – den Piano-Snapshot also wie ein Piano, den Solo-Brass-Snapshot wie etwa ein Trompetensolo.

Sie werden feststellen, dass die Sounds – obwohl das Oszillatorsignal grundfalsch ist – allein durch die richtigen Hüllkurven schon den Originalen relativ nahe kommen und sich sogar ganz gut spielen.

Dabei ist es absolut wichtig zu wissen, dass Filter- und Lautstärke-Hüllkurve nicht unabhängig voneinander durch die Gegend kurven, sondern erst durch ihr Zusammenspiel den Sound machen.

Das Vier-Phasen-Modell

Bevor wir uns die Beispiele ansehen, möchte ich Ihnen noch ein Denkmodell vorstellen, das mir intuitiv zum Gestalten von Hüllkurven dient. Sie sehen es in der nachstehenden Abbildung schematisch dargestellt – keine Angst, sieht technischer aus, als es ist.

→Note On				Note Off←
Toneinsatz		Abklingen	Haltephase	Ausklingphase
Attack	›Initial Decay‹	Decay	Sustain	Release

So funktioniert eine Hüllkurve – oben Note On und Note Off, in der Mitte die Tonverlaufsphasen, unten die dazu passenden ADSR-Parameter.

Hier die Erklärung: Startpunkt, Länge und Endpunkt einer Hüllkurve werden durch zwei Ereignisse gesteuert: Note On (Taste anschlagen) und Note Off (Taste loslassen).

Wie Sie im Schema sehen, laufen drei Hüllkurvenphasen ab, während die Taste gedrückt ist:

- Toneinsatz: Anblasen, Anstreichen, Anschlagen.
- Abklingphase: langsames Abklingen nach dem Toneinsatz.

- Haltephase: Solange die Taste gedrückt ist, bleibt der Verlauf irgendwann irgendwo stehen.
- Ausklingphase: Nach Loslassen der Taste geht es in die Ausklingphase, die zumindest für die Lautstärke-Hüllkurve notwendigerweise irgendwann bei Null enden muss.

ADSR – gehandicapt

Die klassische ADSR-Hüllkurve, die man in fast allen Synthesizern findet, verteufele ich persönlich dafür, dass ihr genau eine Phase fehlt: Eine erste Decay-Zeit für den Toneinsatz.

Warum? Stellen Sie sich einfach mal ein Vibraphon vor. Der Klöppel trifft auf das Metallstäbchen – es gibt einen ersten Klick und anschließend ein langes Abklingen. Das sind logischerweise eine kurze und eine lange Decay-Zeit – leider hat die ADSR-Hüllkurve aber nur eine.

Ein echtes, grundlegendes Manko, und es hat sich bis heute hartnäckig selbst in neueren Synthesizern gehalten.

Nun erzähle ich Ihnen das nicht zur Aggressionsabfuhr, sondern weil man dieses Problem kennen muss – und auch die Lösung. Man kann diese zweite Decay-Phase nämlich halbwegs realisieren, indem man die Decay-Phase von Lautstärke- und Filter-Hüllkurve unterschiedlich einstellt.

In der Abbildung auf der vorhergehenden Seite sehen Sie, dass die Decay-Spalte zweigeteilt ist in ›Initial Decay‹ und ›Decay‹. Gemeint sind damit die Decay-Parameter der beiden unterschiedlichen Hüllkurven für Filter und Lautstärke.

Zu den Beispielen

Sicher kennen Sie die Leier, aber sie ist unvermeidlich: Die folgenden Beispiele nützen Ihnen wenig, wenn Sie sie abschreiben und 1:1 in Ihre Sounds kopieren. Spielen Sie mit den Sounds, verändern Sie die Hüllkurvenparameter, und sehen Sie, was passiert, damit Sie ein Gefühl dafür bekommen, wie die Hüllkurven funktionieren und sich auf den Klang auswirken.

Piano

Bei diesem Beispiel sage ich es gleich vorweg: Das Preset heißt nicht Piano, weil wir damit einen Flügel realisieren wollen, sondern weil Piano eine allgemeingültige Assoziation für ein Instrument mit einem bestimmten Klang- und Lautstärkeverlauf ist.

Beim Piano setzt der Klang beim Anschlag abrupt ein und klingt so lange langsam aus, wie die Taste gehalten wird. Das gilt gleichermaßen für Klangfarbe und Lautstärke. Nach dem Loslassen hört der Klang nicht abrupt auf, sondern hat eine minimale Ausklingzeit (Dämpfer-Effekt).

Viele Soundprogrammierer ignorieren übrigens die Ausklingzeit, weshalb so viele Pianosounds pappig klingen.

Electric Piano

Hier ist der Klang insgesamt etwas dumpfer als beim Piano. Die Klangfarbe klickt am Anfang (Hammer auf Klangzunge); das realisiert die Decay-Zeit in der Filter-Hüllkurve (unser Initial Decay). Die Lautstärke-Hüllkurve unterscheidet sich kaum vom Piano.

Harpsichord (Cembalo)

Ein kurz und knackig abklingendes Instrument, weshalb die Decay-Zeit in der Filter-Hüllkurve kurz ausfällt. Ein Trick in der Filter-Hüllkurve sorgt dafür, dass das Zurückschnappen des Federkiels aus dem Original simuliert wird: Die Filter-Hüllkurve lässt sich auch mit negativer Polarität auf das Filter anwenden (›Env‹-Regler im Filter im Minusbereich). Der Attack-Regler bewirkt in diesem Fall das Abklingen, und Sustain muss auf vollen Ausschlag gestellt werden. (Probieren Sie einfach aus, was im umgekehrten Fall passiert.) Die Null-Release-Zeit in der Filter-Hüllkurve lässt den Wert sofort auf Null und Cutoff auf Vollausschlag schnappen.

Vibraphone

Ein Vibraphon ist ein Instrument ohne grundsätzlichen Steuerungsbedarf der Notenlänge – man haut mit dem Klöppel aufs Metall, und ab da klingt das Ding eben aus – wie auch etwa bei einem Ride-Becken oder einer Triangel. Deshalb sind hier die Decay- und Release-Zeiten der beiden Hüllkurven identisch und die Sustain-Regler auf Null. Folge: Egal, wie lange Sie die Taste drücken – der Klangverlauf ist immer derselbe.

Xylophone

Fast dasselbe wie beim Vibraphon, nur dass hier der Klangverlauf viel kürzer und holziger ist.

Bells

Auch grundsätzlich wie Vibraphone, aber mit sehr langem Ausklang von Klangfarbe und Lautstärke.

Perc(ussive) Organ

Bei einer Orgel hat die Lautstärke in der Regel keinen Verlauf, sondern nur die Zustände Ein (Taste gedrückt) und Aus (Taste losgelassen).

Die Percussion einer Orgel wird über den Klangverlauf realisiert, indem eine kurze Decay-Zeit das Filter einen Klick am Anfang vollführen lässt.

Pipe Organ

Zunächst einmal simuliert eine kurze Attack-Zeit in der Lautstärke-Hüllkurve zusammen mit einer gegenläufigen Decay-Zeit in der Filter-Hüllkurve die Anblas-Phase der Orgelpfeifen.

Hall-Effekt als Gimmick: Langer Ausklang der Lautstärke in Verbindung mit einer abrupten Dämpfung der Klangfarbe nach Loslassen der Taste (›Filter Env‹ R(elease) = 0).

Acoustic Guitar

Der Toneinsatz im Filter simuliert das Zupfgeräusch der Fingernägel (kurze Decay-Zeit), während die Lautstärke kurz abklingt.

Electric Guitar

Hier erzeugt die Lautstärke-Hüllkurve einen Kompressor-Effekt (kurzer Klick am Anfang), der eigentliche Ausklang wird mangels einer komplexeren Hüllkurve vollständig durch Abklingen der Klangfarbe (Decay auf Cutoff) erzeugt.

Acoustic Bass

Die Klangfarbe klingt extrem kurz aus, die Lautstärke minimal länger. Dadurch ergibt sich das typische Zupfen, das noch dadurch verstärkt wird, dass die Filter-Hüllkurve (siehe Modul ›Filt-Env→Osc‹) auch leicht auf die Tonhöhe wirkt.

Slap Bass

Eine Kombination aus Lautstärkekompression (siehe Electric Guitar) und Rückschnappen (siehe Harpsichord) mit leicht dumpferer Klangfarbe.

Synth Bass

Ein Synth-Bass gehört zu den einfachen Klängen: Ein simples kurzes Abklingen der Klangfarbe kombiniert mit einer Orgelhüllkurve in der Lautstärke. Die Ausklingphase muss ein bisschen schmatzen (kurze R(elease)-Zeit in der Filter-Hüllkurve).

Strings/Ensemble/Choir

Auch dies ist eine sehr einfache Hüllkurve: Weiches Ein- und Ausschwingen der Lautstärke, kombiniert mit einem kurzen Anstrich, der durch eine dem Lautstärke-Toneinsatz gegenläufige Klangfarben-Decay-Phase realisiert wird.

Solo Brass

Hier ist das wichtigste Element die kleine Auslenkung in der Klangfarbe, die auch auf die Tonhöhe Einfluss nimmt (›Filter-Env→Osc‹). Für Trompete oder Posaune braucht man dann nur noch Sägezahn als Grundwelle und fertig.

Brass Section

Eine analog simulierte Bläsersektion lebt von mindestens zwei Oszillatoren, von denen einer eine Tonhöhenauslenkung im Toneinsatz vollführt und vielleicht noch oktaviert ist. Ansonsten gleicht das Ganze den Solobläsern ziemlich.

Synth Brass

Während sich hier die Lautstärke orgelmäßig verhält, ist die Klangfarbe absolut bestimmend. Das Filter wird von der Hüllkurve quasi aus dem Keller geholt (Cutoff = 43, Env = 84). Attack- und Decay-Zeit müssen einen weichen Buckel bilden. Setzen Sie die Wellenform auf Sägezahn, packen Sie einen Chorus drauf, und der Sound ist eigentlich schon fertig.

LFO

Abschließend betrachten wir uns die wichtigsten Tricks, wie man einen Synthesizersound per LFO-Modulation fetter macht, zwei Oszillatoren zu einem ganzen String-Ensemble kreiert oder wie man aus etwas so Harmlosem wie dem Soundforum-Synthesizer kreischende Techno-Riffs kitzelt.

Wer ist LFO?

Der LFO erzeugt in einem Synthesizer die ›oszillierenden, schwingenden‹ Modulationen – jeder kennt Vibrato oder Tremolo. Die sperrige Abkürzung LFO steht für die noch sperrigere Beschreibung ›Low Frequency Oscillator‹ – ein Oszillator also, der Schwingungen mit sehr niedriger Frequenz erzeugt. Das LFO-Signal ist deshalb auch kein Audio-, sondern ein Steuersignal.

Die Schwingungsgeschwindigkeit (Rate), die Wellenform (Sin, Tri, Puls, S+H und Symm) und die Stärke (Amount) der Modulation lassen sich variabel programmieren.

Für die Auswirkung auf den Klang ist aber neben der Art der Modulation ebenso wichtig, auf welche Klangeigenschaft sie eigentlich wirkt. Dieselbe LFO-Einstellung kann beispielsweise ein Vibrato (Oszillator-Tonhöhe), einen Chorus-Effekt (Oszillator-Pulsbreite = Symm), einen Autowah (Cutoff) oder ein Tremolo (Amp) erzeugen.

Um den LFO im Soundforum-Synthesizer für die verschiedenen Klangparameter zu aktivieren, gibt es die Sektion mit den kleinen Schaltern.

Bevor wir hier trockener- und unplastischerweise alle theoretischen Möglichkeiten aufführen, gehen wir am besten gleich über zu den Snapshots.

Snapshots

Im Puzzle-Ensemble sind alle Snapshots dieser Sektion enthalten. Jeder Snapshot ist (wie bisher auch) ein halbwegs fertiger Sound, d. h., nicht nur die LFO-Modulationen sind programmiert, sondern auch die restlichen Klangparameter habe ich grob vorgefertigt.

Gehen Sie auch hier die Snapshots einmal im Schnelldurchlauf durch, und machen Sie sich ein Bild davon, was der LFO in jedem dieser Sounds anrichtet. Die Versierteren können auch gern bereits einmal am LFO herumexperimentieren.

Wenn Sie die Beispiele durchgehen:

❖ Variieren Sie wahllos und ohne Scheu alle LFO-Parameter, um ein Gefühl dafür zu bekommen, aus welchen Bestandteilen sich eine Modulation zusammensetzt.

❖ Schalten Sie die LFO-Modulation mit Klick auf die gelben Schalter im LFO-Bereich auch mal aus, um einen direkten Vergleich zum Klang ohne LFO zu haben.

PITCH – Vibrato

Beginnen wir mit dem einfachsten anzunehmenden Fall: Eine dreieckförmige Wellenform moduliert die Tonhöhe – heraus kommt ein Vibrato.

Über ›Rate‹ und ›Amount‹ können Sie es variieren. Schalten Sie die Wellenform mal auf ›Sin‹ – Sie werden feststellen, dass Sinus unwuchtiger wirkt als die eher ausgeglichene Dreiecksmodulation.

PITCH – Laser Gun

Sicher wissen wir nicht, wie eine Laserkanone außerhalb von C-Movies wirklich klingt.

Hier haben wir jedoch einfach das Vibrato des Snapshots ›PITCH – Vibrato‹ genommen, verstärkt und den ›Symm‹-Regler im LFO auf Linksanschlag gedreht. Aus der Dreieckswelle wird nun ein absteigender Sägezahn, und diesen Sound kennen all die, die in den frühen Achtzigern mal eine Spielhalle von innen gesehen haben.

PITCH – Triller

Nimmt man als LFO-Wellenform statt des Dreiecks eine Pulswelle, dann schaltet die modulierte Tonhöhe um – das Ergebnis ist ein Triller. Mit dem ›Symm‹-Regler können Sie das Verhältnis von hohem und tiefem Ton bestimmen. Des Weiteren kann man an diesem Beispiel schön sehen, dass der LFO des Soundforum-Synthesizers bipolar wirkt. Das Signal hat also sowohl negative als auch positive Ausschläge, was dazu führt, dass der modulierte Oszillator mit seinem Intervall-Regler erst mal wieder in Stimmung gebracht werden muss.

PITCH – Chorus

Interessanter werden Pitch-Modulationen, wenn mehrere Oszillatoren gleichzeitig erklingen, aber unterschiedlich moduliert werden. Da es im Soundforum-Synthesizer nur einen LFO gibt, lassen wir in diesem und dem folgenden Beispiel einen Oszillator unmoduliert. Oscillator 1 jedoch wird langsam um seine Originaltonhöhe ›herumgefahren‹, wodurch sich ein Chorus-Effekt ergibt.

Je schneller der LFO rotiert, desto geringer muss der Amount gesetzt werden, denn mit steigender Rate erhöht sich auch die ›gefühlte‹ Verstimmung. Eigentlich müsste man den Amount sogar in den tiefen Lagen niedriger ansetzen als in den oberen – aber eine solche Funktion gibt's im Soundforum-Synthesizer nicht.

Dafür kann er aber die ältere Generation nachahmen: Setzen Sie probehalber mal ›Rate‹ auf 12 und ›Amount‹ auf 0.14 – schon klingt's nach elektronischem String-Ensemble.

PITCH – Flanging

Den sägenden, scharfen Flanging-Effekt bekommt man durch die Kombination von Sync und LFO-Modulation hin. Schalten Sie probehalber mal den ›Snc‹-Schalter aus.

Um den Flanging-Effekt zu variieren, müssen Sie nur den Intervall-Wert von Oscillator 2 ändern. Um das Flanger-Sägen zu verstärken, drehen Sie Oscillator 1 weg – jetzt hören Sie nur noch den ›gesyncten‹ Oszillator.

PITCH – Random

Die Sprache der guten alten R2-Einheit R2D2 aus Star Wars ist dem Sounddesigner kein Geheimnis. Sein Gefiepe lässt sich mit Zufallstonhöhen sehr gut imitieren. Die ›S+H‹-Wellenform des LFO funktioniert so: Bei jedem ›Schwingungsdurchgang‹ wird ein Zufallswert genommen (Sample) und bis zum nächsten Durchlauf gehalten (Hold). Daher die Bezeichnung ›Sample & Hold‹ oder wie hier ›S+H‹.

Wenn man dabei noch FM ins Spiel bringt, klingt's schon fast nach einer aufgeregten R2-Einheit. Auf Filter angewendet erzeugt die Random-Welle eine Zufallsklangfarbe, bei Lautstärke ist ihr Nutzen begrenzt.

PWM – Chorus

Kommen wir zur Pulsbreitenmodulation (Pulse Width Modulation oder PWM). In den Zeiten, da ein Oszillator pro Stimme noch eine echte, diskret aufgebaute Ansammlung von Kondensatoren und Widerständen war, mussten viele Synthesizer aus Kostengründen mit einem Oszillator auskommen, und ein Chorus war auch nicht immer an Bord.

Da wurde die PWM gerne zum Anreichern des Klanges benutzt – mit Erfolg, wie der Snapshot zeigt: Nur ein Oszillator ist hier im Spiel, und es klingt trotzdem wie zwei.

Wenn Sie einen Synthesizer mit zwei LFOs zur Verfügung haben, bauen Sie dieses einfache Patch nach und lassen den zweiten Oszillator per zweitem LFO ein Vibrato vollführen – fett!

PWM – Ensemble

Mit einer etwas schnelleren Modulation, einem zweiten oktavierten Oszillator und ein wenig Detune bekommt man direkt einen schönen Ensemble-Effekt hin – mit nur einem LFO.

PWM – Trance

Allen, die sich immer wundern, wie die Techno-Fredis ihre sägenden Leads hinbekommen, zu denen sich in Land-Discos zungengepiercte Blondinen der Bauch-und-Hirn-frei-Fraktion im Laserstrahl räkeln, geb ich mal eine Runde Weisheit aus: Geschmack off, Cutoff und Resonance auf drei Viertel – alles andere ist variabel. Hier habe ich die beiden Oszillatoren oktaviert und die PWM zu schnell und zu stark eingestellt. Hip zu klingen ist doch keine Herausforderung.

FILT – AutoSweep

Kommen wir zu den Filtermodulationen. Das Gegenstück zum Vibrato ist beim Filter der Sweep, nur dass er langsamer rotiert. Dabei überstreicht das Filter bei recht hoher Resonanz den freundlichen Frequenzbereich. Wellenform: Dreieck, wenn die Enden etwas konturierter sein sollen auch Sinus.

FILT – AutoWah

Der Sweep in schneller und bei niedrigerem Cutoff-Mittelwert klingt so, als ob dem Synthi der Tastendruck wehtäte (auauau). Aber keine Angst – wenn das tatsächlich so wäre, überlebte eh kaum ein Gerät den ersten Tag. Den Wah-Effekt habe ich im Snapshot mit Bandpass realisiert, Lowpass geht aber auch.

FILT – Repeat

Setzt man die LFO-Welle auf Sägezahn (Dreieck vorwählen und ›Symm‹ auf Linksanschlag), ergibt sich ein Repeat-Effekt – die Note scheint im LFO-Takt immer wieder neu angeschlagen zu werden. Diesen Effekt hat sich übrigens Sir Paul McCartney in einem Plomben-zerbröselnden Weihnachtslied zunutze gemacht – erkennen Sie den Sound?

FILT – AutoReverse

Stellt man den ›Symm‹-Regler auf Rechtsanschlag, erzeugt der LFO eine aufsteigende Sägezahnwelle, und die klingt immer nach Rückwärts – diese Wellenform bieten die meisten LFOs als Preset.

AMP – Tremolo

Zu den drei Lautstärke-Snapshots: Tremolo ist nichts als ein Lautstärke-›Vibrato‹ – statt der ›P‹-Schalter ist der ›Amp‹-Schalter im LFO aktiviert. Ich habe das Tremolo gleich mal in ein Vibraphon-artiges Patch eingebettet.

AMP – AutoTrig

In diesem Snapshot wird der Synthie-Bass scheinbar mehrfach angeschlagen, während das Filter sich langsam öffnet und schließt. Was man also sonst mit einem Parkinson-Finger und langsamem Drehen am Modulationsrad von Hand spielen müsste, nehmen einem LFO und Filter-Hüllkurve ab.

AMP – Echo

Wird der Triller (LFO-Pulswelle) auf die Lautstärke angewendet, entsteht ein Echo-Effekt. Den Längenunterschied zwischen ›Ton an‹ und ›Ton aus‹ können Sie wieder mit dem ›Symm‹-Regler variieren. Wenn Sie die LFO-Welle auf ›Sin(us)‹ und den ›Symm‹-Regler auf Rechtsanschlag stellen, klingt das Echo rückwärts herum.

LFO-Wellen anschauen

Wer Lust hat, kann sich die LFO-Wellenformen im Scope sogar anschauen.

Wählen Sie dazu den Bonus-Snapshot 98 ›LFO Wave View‹ an. Er erzeugt ein Weißes Rauschen, das zunächst im Scope als halbwegs gleichmäßige Fläche erscheint. Stellen Sie im Scope den ›Level‹-Wert auf 10 Uhr und den ›Time‹-Parameter auf Minimum.

Wenn Sie jetzt an Wellenformen und Symm-Parameter manipulieren, können Sie die resultierende LFO-Welle im Scope als Lautstärkeverlauf sehen.

10

Projekt Factory-Bank

Die Zeit des Säens ist endgültig vorbei – jetzt wird geerntet. Werden Sie professioneller Sounddesigner, und helfen Sie mit, eine Factory-Patch-Bank für den Soundforum-Synthesizer zu programmieren.

Ab diesem Kapitel gehe ich endgültig davon aus, dass Sie eine solide Grundkenntnis von der Sound-Programmierung und vom Soundforum-Synthesizer haben. Eine Möglichkeit, die zu erwerben, bestand natürlich darin, die vorangegangenen Kapitel dieses Buches – wenigstens zum größten Teil – mitverfolgt zu haben.

Hinter dieser Linie wird auf jeden Fall keine Rücksicht mehr auf Einsteigerfragen genommen, und auch die Beschreibungen der Arbeitsschritte werden entsprechend knapper.

Dazu passend verfolgen wir in dieser Sektion einen klar umrissenen Auftrag, wie er Alltag eines professionellen Sounddesigner ist: Wir haben den Auftrag, eine Factory-Bank zu programmieren, die 20 Patches umfassen und dem Soundforum-Synthesizer zu einem maximalen virtuellen Verkaufserfolg verhelfen soll.

Die Vorgabe ist deshalb, dass diese Patches möglichst eindrucksvoll die Klangmöglichkeiten des Synthesizers demonstrieren und dementsprechend auf Aha-Erlebnisse abzielen sollen. Da müssen wir uns also etwas einfallen lassen.

Sie sind dabei in der beneidenswerten Rolle, mir nur über die Schulter schauen und an Ihrem Soundforum-Synthesizer mitmachen zu müssen – ganz einfach wird das allerdings trotzdem nicht, denn Sie sollen ja auch durchschauen, was wir da tun.

Beispieldateien

Als Grundlage für alle Sounds brauchen Sie nur den Init-Snapshot, der in diversen Ensembles auf der CD enthalten ist und den Sie dort auch einzeln als *init.ssf* finden. Die Sounds dieses Kapitels enthält außerdem das Ensemble *factory.ens*.

Natürlich programmieren wir sämtliche Sounds von der Pike auf – denn beim Programmieren von Factory-Sounds kann man sich in der Regel nicht auf etwas stützen, was jemand vor einem schon vorgefertigt hat – schließlich ist man ja der Erste!

Die Sounds der Factory-Bank

1 Butterfinger

Der Soundforum-Synthesizer ist ein ›analoger‹ Synthesizer. Ein interessierter User wird also beim ersten Sound-Test wissen wollen, ob der Synth auch ordentlich Druck und Fett erzeugen kann, und wir wollen ihm das beweisen.

Unsere Idee ist ein fetter, schwebender Kino-Dröhnbass, der auf Tastendruck hereingeflogen kommt und sich beim Loslassen wieder verzieht. Wir nennen ihn ›Butterfinger‹, denn schlaue Sound-Namen machen Appetit, und Butterfinger wird – zumindest im größten Markt jenseits des Atlantiks – mit Fett, Süße und angenehmem Schmelz verbunden.

Erste Handlung ist, den fetten Grundsound hinbekommen:

1 Ausgehend vom Init-Sound beginnen wir damit, beide Oszillatoren voll aufzudrehen, sie auf Rechteckwelle zu stellen und um 12 Cents zu verstimmen. Undünn, aber noch nicht fett.

2 Im LFO lassen wir die Symmetrie beider Oszillatoren mit einem Amount von 0.95 und einer Rate von –9 modulieren.

3 Um die Schwebung weniger eintönig zu machen, versetzen wir die Puls-Symmetrie von Oscillator 2 um 0.04.

Schon ein netter Grundsound, aber da wir eh nur einen monophonen Sound wollen, können wir ruhig ein paar Stimmen aufeinander türmen.

4 Ein UNISON-Wert von 5 sollte reichen.

Das fettet schon ganz ordentlich die Ohrmuscheln ein.

Nun ein wenig Animation, denn es soll ja spektakulär klingen. Dazu lassen wir sowohl Filter als auch Tonhöhe sweepen – also auf Tastendruck ein- und beim Loslassen ausschwingen.

5 Wir stellen zunächst eine langsame Filter-Hüllkurve ein (A: 50, D: egal, S: 1, R: 50) sowie eine passende Amp-Envelope mit kurzem Attack und längerem Release.

6 Dann setzen wir im Filter den ›Env‹-Parameter auf 100.

Es passiert noch nichts, weil der Cutoff-Regler eh schon über 100 liegt.

7 Also drehen wir den Cutoff so lange zurück, bis das Filter erst bei Erreichen der Hüllkurvenspitze voll aufgedreht ist. Das ist etwa bei einem Cutoff-Wert von 60 der Fall.

8 Damit der Sweep schärfer wird, regeln wir die Resonanz noch auf etwa 0.7 hoch.

Nun soll die Filter-Hüllkurve jedoch auch die Tonhöhe um eine Oktave mitfahren lassen.

9 Im Modul ›Filt-Env→Osc‹ schalten wir dazu beide ›Osc‹-Buttons ein und setzen den ›Amount‹-Wert auf –0.96 (das entspricht etwa einer Oktave).

10 Damit's noch ein bisschen mehr sägt, drehen wir auch noch den FM-Regler auf 200.

Das soll uns mal einer mit einem lahmen Minimoog vormachen!

11 Da Testkäufer im Laden gern auch mal am Modulationsrad drehen, weisen wir dem Modulationsrad den FM-Regler zu.

Aha: Nr. 1 ist uns gewiss!

2 Baked Beans

Einen spektakulären Sound hat unser angenommener Interessent also schon gehört, jetzt möchte er vielleicht erst einmal was seriös Brauchbares hören. Eine breite, schwebende Fläche spricht immer für einen analogen Synthesizer und ist ein guter Kontrast zum vorangegangenen Sound. Also programmieren wir einen schönen warmen, dicken und satten Sound-Brei – die Namensassoziation dürfte damit selbsterklärend sein.

Am besten kommen in der User-Gunst die dunklen, schwebenden und leicht filtersweependen Flächen weg. Die sind mit dem Soundforum-Synthesizer einfach hinzukriegen.

Wir drehen – wieder ausgehend vom Init-Sound – beide Oszillatoren auf und verstimmen den zweiten um 9 Cent. Wellenform in beiden Fällen soll Sägezahn sein (bei Oscillator 1 ist das ›Tri‹ mit voll aufgedrehtem ›Symm‹-Regler).

Zur Verdickung bedienen wir uns hier ebenfalls des Unisono-Tricks, belassen es aber bei zwei gelayerten Stimmen pro Note.

Für die angenehm wabernde Schwebung legen wir ein LFO-Triangle-Vibrato nur auf Oscillator 1, mit einer Rate von –4 und einem Amount von 0.09.

Nun kommt die weiche Klangfarbe. Wir brauchen wieder LP4. Cutoff 73 zusammen mit Resonance 0.31 ergibt einen feuchten, dunklen Grundcharakter. Die sehr langsame Filter-Hüllkurve (A, D, R = 70) geben wir nur mit einem Env-Wert von 30 obendrauf, damit der Sound leicht öffnet. Als MIDI-Controller könnte man hier das Modulation-Wheel auf den Env-Regler des Filters legen.

Die Lautstärke-Hüllkurve sollte weich ein- und lang wieder ausschwingen.

Und fertig ist ein einfach programmiertes, aber überzeugendes Pad.

3 Syncomator

Der Bass hat gut gedrückt, die Fläche war schön seidig – wir haben unseren Kollegen an der Angel. Jetzt gilt's, ihm mit einem kleinen akustischen Traubenzückerchen genug Durchhaltevermögen für die nächsten zehn Sounds zu verpassen. Lassen wir also mal was rattern.

Mit einem Klangverlauf (hier Sync), der vom LFO zerhackt wird und dabei ständig neue Harmonischen-Muster erzeugt, sollte die eine oder andere Augenbraue zu heben sein.

Wir wollen anfangs nur den synchronisierten Oszillator hören und drehen deshalb nur Oscillator 2 auf. Sync klingt am gnadenlosesten in Verbindung mit der Rechteckwelle, die wir entsprechend bei beiden Oszillatoren einstellen.

Den Sync-Verlauf erzeugen wir mit einer langsam abklingenden Filter-Hüllkurve (A: 0, D: 75, S: 0, R: 75) und einem beherzten Dreh des Amount-Regler im ›Filt-Env→Osc‹-Modul auf 1 plus Klick auf den P(itch)-Schalter für Osc 2.

Gehen wir ans Zerhacken. Das übernimmt der LFO, den wir auf Filter und Amp ansetzen. Damit es hackt und nicht wabert, setzen wir im LFO den Symm-Regler auf –0.99, womit aus einer weichen Sinuswelle eine perkussive Repetition wird.

Hackt schon nett, aber das Filter ist noch nicht richtig eingestellt. Schneidende Filterverläufe bekommt man am besten mit Bandpass hin. Wir wählen BP4, setzen Cutoff auf 60, Resonance auf 0.75 und Env auf 90. So fährt das Filter nämlich auch noch ein bisschen mit dem Sync-Verlauf mit.

Die Lautstärke-Hüllkurve (Amp Env) dazu sollte lang abklingend sein (A: 0, D: 70, S: 1, R: 70).

4 Metallurgy

Die ersten drei Sounds waren vielleicht nicht ganz gewöhnlich, könnten aber immerhin auf jedem halbwegs ausgestatteten Analog-Synthesizer nachvollzogen werden.

Unseren Testkäufer wird interessieren, ob der Synthesizer auch ›un-analoge‹ Sounds produzieren kann, und da sollten wir ihm ein einschneidendes Erlebnis bieten – einen Sound, den man von dem harmlos aussehenden Soundforum-Synthesizer gar nicht erwarten würde. Immerhin können wir auf FM und Ringmodulation zurückgreifen, womit metallische Klangfarben in den Bereich des spielend Möglichen rücken.

Wir nennen den Sound als Vorgabe ›Metallurgy‹, um uns zu etwas metallisch Morphendem zu motivieren.

Um den maximalen FM-Metallklang herauszuraffinieren, drehen wir nur Oscillator 2 auf. Die Metallklangfarbe ist im Soundforum-Synthesizer eine Kombination aus drei Faktoren: Wellenformen der Oszillatoren, Intervall der Oszillatoren und Stellung des FM-Reglers in Oscillator 1.

Durch ein wenig Herumexperimentieren landen wir schließlich bei folgender Einstellung:

Beide Oszillatoren erzeugen eine Pulswelle mit Symmetrie 0.5. Die Intervalle sind 29 (Oscillator 1) bzw. 38, und der FM-Regler wird auf 1450 gedreht. Auch hier benutzen wir den Unisono-Modus mit vier Voices pro Note.

Insgesamt entsteht so ein schöner, schmirgelnder Sound – ein bisschen so, als ob man mit einem Bandschleifer mit feiner Körnung eine Kirchenglocke bearbeitete.

Das betonen wir durch ein Hochpass-Filter, das die oberen Harmonischen allesamt durchlässt und die unteren beschneidet. Wir wählen HP2, Cutoff 50 und Resonance 0.78. Mit ›Env‹ auf 100 und ›Filter Env‹ A: 0, D: 55, S: 0 und R: 55 bekommt der Ton noch ein Anschleifen aufgeprägt.

Um andauernde spektrale Bewegung in den Sound zu bekommen, benutzen wir den LFO. Er moduliert die Symmetrie von Oscillator 1 mit Triangle-Welle, Rate –13.5 und Amount 0.66. So klingt es, als ob man den Bandschleifer nach dem Aufsetzen auch noch bewegen und drehen würde.

Die Lautstärke-Hüllkurve (Amp Env) dazu sollte weich ein- und ausschwingen (A: 40, D: egal, S: 1, R: 60).

5 Ciaoup

Nach viel Geratter, Gezirpe und Gemorphe in den ersten Sounds sollte unser Käufer davon überzeugt sein, dass der Soundforum-Synthesizer was drauf hat. Als Nächstes sollten wir ihm etwas Solides präsentieren, das er vielleicht auch mal in einem Song einsetzen will. Da wir seine Ansiedlung auf der Geschmacksskala zwischen Slow-Fox und Warp-Trance nicht kennen, nehmen wir einen echten Klassiker: Einen schönen schlanken, trotzdem sehr tiefen und konturierten Bass, der die Klangqualität des Synthesizers untermauert.

Ausgehend vom Init-Patch arbeiten wir zunächst den Grundsound aus. Wir schalten ›Sync‹ ein (macht schlank) und drehen beide Oszillatoren voll auf. Oscillator 1 wird um –24 Halbtöne transponiert (Bass), Oscillator 2 um –26 (Reibung). Pulswelle ist in Oscillator 1 angesagt, weil die mehr Metall liefert als Sägezahn, ›Symm‹ muss auf 0 (Rechteck).

Das Filter stellen wir auf einen scharfen ›Tschaup‹-Effekt ein (daher der Patch-Name): Cutoff 33, Env 94 und Resonance 0.77.

Die Peitsche dazu liefern die Filter-Hüllkurve mit A: 11, D: 40, S: 0.3 und R: 23 sowie eine leicht verlängerte Release-Zeit von 40 in der Lautstärke-Hüllkurve. Letztere sorgt für das markante Zuschnappen nach Noten-Ende.

Etwas mehr Oberton-Entwicklung erzeugen wir, indem wir im Modul ›Filt-Env→Osc‹ den ›P‹-Schalter für Osc2 aktivieren und ›Amount‹ auf 0.26 drehen. So schnappt die Klangfarbe mit der Filter-Hüllkurve zu.

Trick für ein bisschen ›Schein-Schwebung‹, die nicht wie normale Schwebungen den Bassfrequenz-Anteil verwässert: Der LFO moduliert langsam (Rate –6) und leicht (Amount 0.5) den P(itch)-Parameter von Osc 2. In Verbindung mit Oszillator-Sync klingt so was wie ein leichtes Flanging.

6 PPG 2002

Viele Wege führen nach Rom, und so kann auch ein ›analoger‹ Synthesizer durch FM einen überzeugenden PPG-Sound liefern. Und da den User schneller überzeugt, was er schon im Patch-Namen vorgekaut bekommt, nennen wir das Ganze ›PPG 2003‹ – ein PPG im Millenium-Gewand.

Der Weg dahin führt unweigerlich über FM. Nur so lassen sich die typisch gurgelnden Klangfarben erzeugen, die der PPG populär gemacht hat (und umgekehrt). Um an die Klangfarbe zu kommen, muss man mit Oszillator-Zusammenstellungen experimentieren, und zwar wie folgt:

Zunächst den FM-Regler aufdrehen, dann mit Interval- und Wellenform-Parametern spielen, bis der Grundsound stimmt. In diesem Fall wird per FM 1900, Symm 0.14 und Interval –12 für Oscillator 1 der Grundsound festgelegt.

Dann kommt Oscillator 2 hinzu (die eigentliche FM-Farbe), landet bei Puls-Sym 0.24 und Interval 36.

Den typischen Wavetable-Sweep des PPG realisieren wir (allerdings viel schöner) über das ›Filt-Env→Osc‹-Modul, wo wir Amount auf einen Wert um 0.5 setzen und den Sym-Schalter für Osc1 aktivieren.

Die Abteilung ›Filter‹ und ›Filter Env‹ wird moderat perkussiv eingestellt: Cutoff auf 54 und Reson auf 0.33 ergeben einen dunklen, weichen Ausgangston. Über Env 84 regeln wir die Filter-Hüllkurve hinzu, die mit A: 0, D: 56, S: 0 und R: 60 moderat perkussiv programmiert wird. Dasselbe gilt für die Lautstärke-Hüllkurve (A: 0, D: 20, S: 0.61, R: 56).

Das war's schon. Darf man es uns übel nehmen, wenn wir am Ende unbescheiden hinzufügen, dass dieser Sound alles, was aus einem PPG hinten rauskommt, die lange Nase zeigt? Nur Grobschmecker täten das.

7 Logical Sound

Das E-Piano löst zunehmend den Flügel als Pflichtbestandteil einer Factory-Bank ab. Nicht alle Synthesizerkäufer heutzutage sind 17-jährige Plattenaufleger, die über Fruity Loops zur Musik gekommen sind. Und so sollten wir auch diejenigen, die drei Jahre Klavierunterricht genommen haben, in der Illusion bestärken, dass das nicht verschwendete Zeit war, die man besser mit Fruity Loops verbracht hätte. Ein schön spielbarer E-Piano-Sound ist da die beste Medizin.

FM ist auch hier die Basis, aber statt eines stinknormalen Wurlitzer-Pianos basteln wir ein glitzerndes, sehr teuer klingendes Edel-E-Piano mit viel Metall. Also FM-Regler erst einmal sachte auf 800.

Oscillator 2 ist für den Metallanteil zuständig, wird deshalb voll aufgedreht und auf Interval 60 gesetzt. Damit das Metall etwas früher abklingt als der Grundsound (Oscillator 1), klicken wir im Modul ›Filt-Env→Osc‹ den ›Amp‹-Schalter für Osc2 an.

Zur Klangfarbenformung: Das Filter wird mit Cutoff 71, Reson 0.36 und Env 58 etwas moderater eingestellt als beim PPG, denn es soll ja nicht sweepen, sondern den Sound nur beim Ausklingen etwas ausdumpfen. Da der Env-Parameter übrigens im Soundforum-Synthesizer fest mit der Velocity verdrahtet ist, ist das Piano auch gleich anschlagdynamisch – das gilt auch für die Lautstärke.

Die Filter-Hüllkurve wird mittel-perkussiv eingestellt: A: 0, D: 55, S: 0, R: 44, die Lautstärke-Hüllkurve etwas länger im Abklingen (D: 64), dafür kürzer beim Loslassen (R: 24). Ein Detail, aber wichtig: Viele machen den Fehler, die Release-Zeit bei Pianosounds auf Null zu setzen, was ein pappiges Spielgefühl hinterlässt.

Nun noch ein wenig Feinschmeckerei: Der LFO moduliert mit Rate 1.5, Wellenform ›Tri‹ und Amount 0.44 die Symmetrie von Oscillator 1, was in diesem Kontext ein angenehmes Flanging erzeugt.

8 Fjord Lord

Nach drei ›brauchbaren‹ Sounds sollten wir unseren imaginären Testhörer wieder mit etwas Überraschendem aufwecken. ›Fjord Lord‹ ist ein Walgesangs-ähnlicher Hintergrund-Leadsound mit einem dezenten Überblaseffekt im Toneinsatz.

Wir drehen beide Oszillatoren auf, FM auf 1450 und die ›Interval‹-Regler auf 12 (Oscillator 1) beziehungsweise 24 (Oscillator 2). Jetzt noch die Symmetrie-Regler auf 0, und fertig ist der walgesangsartige Grundsound.

Drehen Sie mal am FM-Regler, um herauszufinden, was er hier bewirkt. Überblaseffekt ist dank FM einfach: Einer der Oszillatoren (Oscillator 1) wird im Modul ›Filt-Env→Osc‹ ganz minimal tonhöhenmoduliert (›P‹-Schalter, Amount auf 0.08). In ›Filter Env‹ programmieren wir eine Hüllkurve mit kurzem Ansatz (A: 35, D: 34, S: 0, R: 77). Cutoff auf 82 und Reson auf 0.41 ergeben einen dumpfen Grundsound. Die Hüllkurve lassen wir mit Env –22 negativ die Cutoff-Frequenz beeinflussen; Sie können sich jedoch eigentlich die Env-Einstellung aussuchen, die Ihnen am besten gefällt – alle klingen gut.

Der LFO erzeugt ein langsames Vibrato. Wichtig ist hier die Wellenform Tri, eine Rate nicht über 11 und ein geringer Amount von 0.13. Für beide Oszillatoren sind die ›P‹-Schalter aktiviert; Sie können jedoch auch einen davon deaktivieren – drei verschiedene Vibrato-Effekte sind möglich.

Die Lautstärke-Hüllkurve wird mit A: 15, D: egal, S: 1 und R: 58 weich einschwingend und lang ausklingend programmiert. Wal, da bläst er!

9 Machine Head

Jeder Testkäufer mit Feuer im Blut möchte auch mal die Wände beben lassen, und dafür bauen wir eine fette, leicht animierte Tieftonfräse.

Zunächst zum Trommelfell-rasierenden Grundsound. Wieder ist FM im Spiel. Wir drehen den Regler mal ruhig auf 3350 und drehen Osc2 im Mixer auf, damit wir den FM-Sound auch hören können. Für einen satten Rasierersound sollte Oscillator 2 im Interval deutlich heruntertransponiert werden, wir bleiben bei –26. Das Zusammenspiel der Wellenformen beider Oszillatoren ist bei FM ebenfalls von großer Bedeutung. Ich habe mich mal für Tri mit Symm 0.6 in Oscillator 1 und Saw in Oscillator 2 entschieden.

Die Animation erzeugt der LFO, und zwar mit einer Pulswelle mit kurzem Impuls. Dazu muss im LFO der Symm-Regler auf –0.6; für die Rate habe ich 14 und für den Amount 0.5 gewählt. Modulationsziele sind die Tonhöhe von Oscillator 1 (wodurch das Frequenzverhältnis der Oszillatoren und die Grundtonhöhe moduliert werden) und das Filter.

Das Filter soll einen langsamen, schneidenden Sweep vollführen. Cutoff 62 und Resonance voll auf liefern in Verbindung mit BP2 (Bandpass) den Grundsound.

Env 96 und K-Track 0 sorgen dafür, dass der Sweep ausladend und für alle Tasten identisch ist.

Filter-Hüllkurve (A: 69, D: 74, S: 0, R: 65) und Lautstärke-Hüllkurve (A: 0, D: 69, S: 1, R: 62) werden langsam eingestellt und zwar so, dass der Sound sich auf- und abbaut, wenn man die Taste lange hält.

Und fertig.

10 OBY-16

Man darf auch bei aktuellsten Soundbänken nicht nur an die Teens denken, es gibt natürlich auch Live-Keyboarder (Achtung Pisa-Loser – langer Satz voraus): Weil unser virtueller Auftraggeber Geld für den Soundforum-Synthesizer grundsätzlich von jedem nehmen würde, sollten wir nicht den Trends hinterherlaufen, die morgen schon von gestern sind, sondern hier und da auch mal einen Klassiker einflechten, und da fällt die Wahl auf einen Sound, wie er kaum klassischer für einen Synthesizer sein könnte, derjenige nämlich, dessen zweiter Name BratBratFettFett heißt: der typische Oberheim-Bläsersound, der merkwürdigerweise ausschließlich von Leuten berühmt gemacht wurde, die als kleinsten gemeinsamen Nenner Wurstfinger aufweisen, vielleicht klingt es ja auch deshalb so fe... – na, egal. So, Sie können jetzt wieder ausatmen.

Ansätze dazu haben wir mehrmals im Verlauf der Soundforum-Reihe gemacht, und die Ingredienzen dürften bekannt sein.

Grundwellenform für Blechbläsersounds (Brass) ist die schön fettig obertonreiche Sägezahn-Welle. Die stellen wir in beiden Oszillatoren ein.

Als Nächstes müssen wir den Bläser-Ansatz imitieren. Das erledigt die Filter-Hüllkurve, die im Modul ›Filt-Env→Osc‹ auf nur einen Oszillator geschaltet wird. Die dadurch entstehende Reibung im Tonansatz lässt das Ohr an Bläser glauben.

Die Filter-Hüllkurve programmieren wir mit kurzer Attack- und Release-Phase. Sustain muss auf Null stehen, da sonst die Tonhöhe von Oscillator 2 im Nirwana landen würde (probieren Sie es aus).

Das Filter schalten wir für einen seidigeren Sound von LP4 auf LP2. So ist es weniger steil und lässt mehr Brillanz zu. Im Wesentlichen haben wir es damit auch schon beschrieben – alles andere ist Abstimmung der einzelnen Komponenten, und ich kann Sie nur ermuntern, an allen Reglern zu spielen und den Sound so noch an Ihren persönlichen Geschmack anzupassen.

11 FlexPad

Ein simpler Trick bei der Werkssound-Programmierung besteht darin, dem User öfters einen Sound zu präsentieren, den er eigentlich von dem betreffenden Synthesizer gar nicht erwarten würde, weil er ihn jenseits der Möglichkeiten der verwendeten Klangerzeugung wähnt. Das allein reicht jedoch nicht. Ein solcher Sound muss natürlich zusätzlich das Prädikat ›nicht komplett für'n Eimer‹ verdienen.

Das FlexPad ist ein Flächensound mit einer komplexen, morphenden Obertonstruktur. Für solch eine Art Sound haben sich ebenso betuchte wie allesgläubige Yamaha-Fans vor wenigen Jahren noch von 30 Kilo-DM für einen niegelnagelneuen VP-1 getrennt. Na, egal, sonst wär die Kohle eh nur für eine hässliche Zweit-Harley draufgegangen.

Basis des Flex-Pads ist die begrüßenswerte Tatsache, dass sich das Klangspektrum eines FM-Klanges im Soundforum-Synthesizer durch Modulation der Pulsbreite (Symm) in Oscillator 1 drastisch verändern lässt. Genau dies bewirkt der aktivierte Sym-Button im ›Filt-Env→Osc‹-Modul. Die Filter-Hüllkurve dreht unsichtbar am Symm-Regler von Oscillator 1. Den Grundsound können Sie noch in weiten Bereichen mit dem FM-Regler variieren.

Abgesehen von diesem Kniff ist der Sound simples Handwerk: Die Schwebung kommt durch UNISON (Wert 3) zustande, wobei Oscillator 1 noch leicht vom LFO vibratofiziert wird. Die Entzifferung der Filter und Hüllkurven dürfte niemanden unter uns vor irgendeine Form von Herausforderung stellen.

Für Ihre ganz individuelle Variante dieses Klanges empfehle ich Ihnen, neben dem FM-Regler vor allem folgende Parameter zu bearbeiten: Oscillator 1 Interval, Oscillator 2 Wellenform, Oscillator 2 Interval. Viel Erfolg!

12 Chime On

Wie wir wissen, hat der antestende Kunde im Laden in der Regel etwas dabei, was er als ›Schatz‹ bezeichnet. Dieses ›Schatz‹ ist nur in einer Hinsicht berechenbar – es gibt sich nach spätestens fünf Minuten dem Gähntrieb hin. Diese soziale Komponente gilt es in die Werkssounds einzubeziehen, denn das ›Schatz‹ setzt den Interessenten unter Gewissensdruck und ist bestrebt, ihn alsbald vom Synthesizer weg und in eine Parfümerie zu locken, mit der Folge, dass statt des Rechnungsbetrages für einen Soundforum-Synthesizer der Kreditrahmen unseres Delinquenten für eine Ansammlung von Flüssigkeiten geleert wird, bei deren Herstellungsprozess – dem Geruch nach zu urteilen – wehrlose Nagetiere erst mit Kernseife gefüllt und dann ausgepresst wurden. Das gilt es zu vermeiden, und deshalb muss das ›Schatz‹ hier und da auch mal während des Antestens gefügig gestimmt werden.

Der Wind-Chime-Emulator namens ›Chime On‹ erfüllt genau diese Aufgabe. Begleitet von dem (vorhersagbaren) Satz: ›Hör mal, Schatz: wie das Windspiel, das dir deine Reiki-Lehrerin geschenkt hat‹, fährt unsere Versuchsperson die Tastatur abwärts. Mit dem darauf folgenden ›Sowas können diese Klaviere heute?‹ signalisiert das ›Schatz‹, dass fünf weitere Minuten aufs Antestkonto gebucht wurden.

Dieser folglich so essenziell wichtige Klang ist dennoch einfach programmiert: Zwei Oszillatoren werden per FM-Regler zur Frequenzmodulation gezwungen und mit ihren ›Interval‹-Reglern sehr hoch, aber leicht unterschiedlich gestimmt. Der Trick besteht hauptsächlich darin, den FM- und die beiden ›Interval‹-Regler so abzustimmen, dass ein Wind-Chime-Klang dabei herauskommt.

Das Bandpass-Filter sorgt dafür, dass nur ein dünner Ausschnitt aus dem Klangspektrum hörbar wird, und die Hüllkurven erzeugen die Ausklingzeit.

Damit das Ganze nicht allzu steril klingt, moduliert der LFO ganz minimal die Cutoff-Frequenz.

Wenn Sie variieren möchten, empfehle ich auch hier wieder die Regler FM, Oscillator 1 Interval und Oscillator 2 Interval.

13 Dream Theam

Es gibt ja nun eine Musikrichtung, die sich komplett um einen einzigen Sound herum entwickelt hat. Das ist diese Art Musik mit einem beruhigend festgelegten Aufbau. Zuerst erscheint eine blondierte NBC-Giga-Moderatorin mit Nuklearsprengkörpern da, wo bei Frauen der ›Busen‹ ist, und trällert ein Kinderlied in einen planetengroßen Hall hinein. Dann wird auf etwas geschwenkt, das wie ein Riesen-Pullermann mit Skibrille aussieht. Das ist der DJ, der das Ganze zu vertreten hat, und mit dem kommt dieser Sound, unterlegt von einer geigerzählersprengenden Bassdrum.

Nun, simple Dinge erfordern simple Mittel, und so lässt sich dieser Sound nicht nur auf jeder Soundblaster-Karte perfekt realisieren, er ist auch noch total einfach. Was man braucht, sind zwei oktavierte Oszillatoren mit schneller Pulsbreitenmodulation (erzeugt Breite, Hektik und Sägen) und viel Verstimmung. Fertig.

Damit's ein wenig schärfer klingt, dreht man das Filter relativ weit auf und regelt mit dem Resonanz-Regler mehr Biss in den Höhen hinein. Das geht mit einem EQ natürlich auch.

In der Trance-Dream-Dance-Ambient-Rave-Szene wird es übrigens als beliebte Arrangiertechnik angesehen, beim Abspulen des Kinderliedes das Filter langsam von unten aufzudrehen. Das ist lieb, weil so die intelligenteren Zuhörer rechtzeitig ihre Hirnzellen in Sicherheit bringen können, bevor bei den echten Liebhabern dieser Musik das Restvakuum durchgeschüttelt wird. Doktor Motte wird mir zustimmen (der stimmt immerhin sogar der Love-Parade zu).

14 AmbientraK

Schon im Patch-Namen sehen Sie einen beliebten Sounddesigner-Trick verwirklicht. Der Soundname – gern ein Wortspiel mit englischen Bausteinen – soll dem Otto Normalverbraucher signalisieren, dass dieser Sound von einem anderen Stern kommt und so genial ist, dass derjenige, der ihn nicht mag, sich selbst entwürdigende Fragen ob seiner Taste-relateten Street-Credibility stellen sollte (sorry für das Slang Aftermaking, NBC Giga).

AmbientraK ist ein sogenannter Räuberleiter-Klang. Selbst Menschen, die nur unter Mühe den Zusammenhang von ›Finger auf Taste‹ und ›Ton‹ erfassen, können damit noch was Beeindruckendes zaubern.

Versuchen Sie's mal: Drücken Sie in größeren Abständen einen Dur- oder Moll-Akkord (Raver: drei weiße Tasten gleichzeitig mit je einer dazwischen – da gibt's nur eine einzige Falle). Es kommt immer eine schöne Chillout-Phrase dabei heraus, die man nur mit einer kleinen Kick und einem Bass unterlegen muss, um reich und berühmt zu werden.

Der Sound funktioniert wie folgt:

Die beiden Oszillatoren sind in einem Quint-Intervall gestimmt (Interval in Oscillator 2 auf –7). Der kühle, dunkle Trance-Faktor kommt vom weit heruntergedrehten Filter in Verbindung mit mittlerer Resonanz. Die Wellenform ist hier Sägezahn, aber das ist eine reine Frage von Geschmack oder musikalischem Kontext.

Der Delay-Effekt wird durch Cutoff-Modulation per LFO erzeugt. Die LFO-Wellenform muss hier eckig sein, also Pulswelle. Die ›Feedback‹-Länge des Delays wird von der Release-Zeit der Lautstärke-Hüllkurve bestimmt.

Die Filter-Hüllkurve sorgt für einen knackigen Attack und ein weiches Abdämpfen des Klanges in der Delay-Phase.

15 Chick Magnet

Vergessen wollen wir nicht eine wichtige Randgruppe unter den Keyboard-antestenden Kunden. Nennen wir sie mal Björn-Martin. Diese hat vor zwanzig Jahren bevorzugt eulenbebrillte Naturwoll-Strickerinnen namens Imke in ›Emerson, Lake & Palmer‹-Konzerte geschleppt in der Hoffnung, durch das Dröhnen der Orgelbässe würde selbst in derart grünkerngemergelten Yogabodies so was wie ein Hormonschub entstehen.

Manchmal waren diese Bemühungen erfolgreich. Zum Leidwesen derjenigen Umstehenden, die dann eine erbarmungswürdige Kettenreaktion ansehen mussten: In Batik und Parka gehüllte Vegetarierkörper führten eleganzfreie Bauchtänze aus, zwangsweise nach wenigen Minuten von einer gehörigen ›Brise d'Achselhölle‹ verstärkt. Nun, heute, da Björn-Martin Jugendamtsleiter ist, wecken Orgelklänge in ihm deshalb Begierde: ›Orgel‹ bedeutet ›haben wollen‹, und unser Auftrag ist passenderweise ›geben wollen‹.

Unseren Orgelklang habe ich ›Chick Magnet‹ genannt, was in Englisch das Gegenteil von Björn-Martin, nämlich ›Frauenschwarm‹ heißt, aber auch auf die magnetische Klangerzeugung des Hammond-Vorbildes abstellt.

In analogen Synthesizern mit zwei Oszillatoren hat man drei ›Zugriegel‹ zur Verfügung. Gängige Kombination: Oszillator 1 übernimmt den Grundton (16´), Oszillator 2 den 5 1/3´ und die Filterresonanz die 2 2/3-Fußlage. Genau so ist unser Sound aufgebaut. Der Tastenklick kommt von einer extrem kurzen Filter-Hüllkurve, den Rotationseffekt erzeugt der LFO durch Modulation der Pulswelle in Osc1, während Oscillator 2 einen Sinus generiert. Wenn Sie die LFO-Rate (per Rechtsklick auf den Parameter) dem Modulationsrad zuweisen, können Sie sogar das Leslie an- und auslaufen lassen.

16 ShakAtak

Björn-Martin war mit neunzehn auch mal mit seinen Mit-Zivis im VW-Bulli in Indien und steht seitdem total auf Weltmusik. Durch die Orgel warmgelaufen, wird er auf unseren Lead-Sound total abdrehen.

Dessen Name ist in seiner Vieldeutigkeit kaum zu übertreffen, enthält er doch Anleihen sowohl von ›Shakuhachi‹ als auch von ›Shark Attack‹, dazu das Kreieren eines Kultbegriffs durch kunstvolles Weglassen eines ›t‹ und des ›c‹ in Attack. Das zu durchschauen durchflutet Björn-Martin mit einem warmen Gefühl von erlesenem Humor und profunder bürgerlicher Bildung – die natürlich sowohl bei Programmierer als auch Zielperson rein virtuell sind.

Die Shakuhachi (www.shakuhachi.com) ist spätestens seit ›Sledgehammer‹ allen bekannt – der charakteristische Zahnlückenjodler ist seitdem zum unverzichtbaren Protagonisten in ›Liebes‹-Filmmusiken und Ethno-Pop geworden.

Für diesen Sound bedienen wir uns der FM (Frequenzmodulation). Ein Quint-Intervall zwischen den beiden Oszillatoren verbunden mit Rechteckwelle erzeugt den hauchig-metallischen Grundton. Den Attack steuert die Filter-Hüllkurve bei, die negativ auf den Symmetrie-Parameter (Pulsbreite) von Oscillator 1 einwirkt. Hierdurch ergibt sich gleich ein zweiter Effekt: Nach Ablauf der Decay-Zeit geht der Ton in eine Art Rückkopplung über. Wenn Sie diese standardmäßig haben wollen, deaktivieren Sie einfach im ›Filt-Env→Osc‹-Modul den Sym-Button.

Die FM/Sym-Programmierung der Oszillatoren ist der Kern dieses Klanges – der Rest ist Klangformung für den Hausgebrauch.

17 Revell Yell

Jeder Synthesizerfreak kennt auch Science-Fiction-Filme und verbindet damit etwas Positives – mit manchen mehr, mit manchen weniger. Wo andere bei Raumschiff Voyager einen Worf sehen, sehe ich beispielsweise stattdessen immer einen schlechten amerikanischen Schauspieler, dem irgendwer das Bergmassiv ›Teutoburger Wald‹ aus dem 1975er Zubehörkatalog der Lehmann-Gartenbahn auf den Schädel getackert hat. Andererseits liebe ich diese alten B-Movies, wo unsichtbare Hände Revell-Raumschiffmodelle an wohl absichtlich nicht versteckten Nylonfäden vor einem Discovery-Channel-Poster ›Wunderwelt der Milchstraße‹ hin- und herschwenken, dazu ›Bumm‹ und ›Kschhhhhhh‹ machen und Bunsenbrennerflammen ins Bild halten. Der dazu passende Soundtrack war für mich vor Erreichen des zwölften Lebensjahres das Synonym für ›Synthesizer‹, und so ist es mir ins ROM geschrieben.

Diese Hommage nennen wir aus guten Gründen Revell Yell (leicht zu entschlüsseln).

Der Grundsound muss oktaviert sein und ziemlich dicklich – was wir mit Pulsbreitenmodulation beider Oszillatoren (LFO auf Sym) erreichen. Dass der LFO gleich noch auf die Lautstärke geschaltet wird (Amp-Schalter im LFO), erzeugt diesen rotierenden Effekt, den man automatisch mit Bewegung oder Antrieb assoziiert.

Für das An-einem-Vorbeisausen des Raumschiffes benutzen wir eine Kombination aus langsamer Attack/Release-Kurve in der Lautstärke-Hüllkurve und langsamem Filter-Sweep. Durch ein sehr steiles Bandpass-Filter (BP4) mit sehr hoher Resonanz klingt das alte Space-Möhrchen am Gipfel der Filterkurve schön spitz und elektronisch.

18 bis 20: Sound FX

Nun, denke ich, hat auch der hartgesottenste Skeptiker unter unseren virtuellen Antestpersonen gemerkt, dass der Soundforum-Synthesizer in der Lage ist, ein breites Spektrum analoger und digitaler Synthesizersounds zu kreieren. Es waren die wesentlichen Standards dabei, viele komplexe Sounds, Überraschungen, alles in allem ein schönes buntes Gemisch.

Als Dressing und Aufwecker zum Schluss spendieren wir dem Testhörer (immer auch an das ›Schatz‹ denken, das zwei Meter weiter auf einem Gitarrenverstärker hockt und sich die Nägel feilt) ein paar Soundeffekte, die

1. ein gewisses Aha-Erlebnis wecken,
2. sehr leicht für eigene Zwecke anpassbar sind,
3. die grenzenlose Soundvielfalt des Synthesizers unterstreichen und
4. sein müssen, weil am Ende halt immer Soundeffekte kommen – das ist die Erwartungshaltung des von der Konkurrenz derart eingelullten Antesters.

Machen wir's kurz und fassen die drei Effekte zusammen:

- *18 Miniplane* ist ein überfliegendes Sportflugzeug. (Kleine Luftschlacht mit 17 Revell Yell gefällig?) Die Filter-Hüllkurve steuert die Tonhöhe gleich mit, auch der Lautstärkeverlauf ist lang ein- und ausschwingend. Der Soundcharakter kommt von gegeneinander leicht verstimmten Oszillatoren (Propellern), die Schwebung wird durch UNISON verstärkt. Die Dämpfung des Propellersounds zum dumpfen Murmeln übernimmt das Filter.
- *19 Cannonball* ist der Sound einer in der Ferne abgefeuerten Kanonenkugel, kann aber genauso als universeller Electro-Drum-Hall missbraucht werden. Der Beweis, dass eindrucksvolle Sounds technisch simpel sein können: Rauschen in Oscillator 1 wird durch FM zu einem Subwoofer-würdigen Wummern geformt. Der FM-Regler bestimmt die ›Nähe‹ des Kanonendonners und sollte auf das Modulationsrad gelegt werden. Alles Weitere werden Sie selbst entdecken.
- *20 Kick Yer Butt* ist der Sound, mit dem Sie kurz vor Verlassen des Ladens noch die Lautsprecher in Konfetti verwandeln können – echte Vorsicht ist hier geboten! Erzielt wird dieser Tiefendruck durch die Fil-

terresonanz – die Oszillatoren haben nichts zu melden. Die Filter-Hüllkurve erzeugt den Klick (A: 0, D: 28) und das langsame Abfallen im Ausklang (S: 0.25, R: 56) – die Lautstärke-Hüllkurve muss dem nur folgen.

Factory-Bank im Überblick

Zu einer guten Factory-Bank gehört immer auch eine Dokumentation. Falls Sie ernsthafte Ambitionen haben, in den Kreis der professionellen Sounddesigner aufgenommen zu werden, mein Tipp: Sounds niemals unkommentiert abliefern. Im Zweifelsfall wird das Sweep-Pad, das sich nach 20 Sekunden langsam entfaltet, bei der Evaluierungs-Session staccato gespielt oder das virtuose Solo-Saxophon mit einer fulminanten Zehnfinger-Klavierfigur zu einem Hölleninferno verunstaltet. Das wird zwangsläufig auch später beim Antesten im Laden so sein.

Die menschliche Psyche funktioniert so, dass man jemandem, dem man etwas anbietet, sagen muss, was er gut finden soll, warum er es gut finden soll und wie er es benutzen soll.

Ebenso wie der Synthesizer eine Bedienungsanleitung haben sollte, sollte eine Factory-Soundbank eine Spielanleitung haben. Und je klarer die ist, desto höher ist die Erfolgsquote. Ob Sie sich mit einer Soundbank bei einem Hersteller bewerben, ob Sie bereits einen Auftrag abliefern – eine kurze, knackige Begleitdokumentation zeugt von Professionalität und verbessert die Wirkung Ihrer Sounds wie ein Edel-Hallgerät die Gesangsstimme.

Wie aber sollte eine solche Dokumentation aussehen?

- Kurz: nie mehr als ein Satz, möglichst Stichwortform.
- Alle wichtigen Fakten drin: Nummer, Name, Kurzbeschreibung.
- Eine Spielanleitung wirkt Wunder – beim Klavier weiß jeder, wie er es spielen muss – bei Synthesizersounds kann man so viel falsch machen, dass Sie das nicht riskieren sollten.

Eine Beispieldokumentation für unsere Factory-Soundbank habe ich unten einmal aufgeschrieben. So könnte man sie einem erledigten Auftrag beilegen.

	Name	*Beschreibung (Description)*	*Spielanleitung (Playing Instructions)*
1	Butterfinger	Fetter, schwebender Kino-Dröhnbass.	Im unteren Bereich eine Note anschlagen und halten.
2	Baked Beans	Breite, schwebende Fläche als Kontrast zum vorangegangenen Sound.	Getragene Akkorde im mittleren Bereich spielen.
3	Syncomator	Ratternder, rasiermesserscharfer Sequenzersound.	Einzelne Noten lange aushalten.
4	Metallurgy	Metallisch morphender Sound à la Bandschleifer auf Kirchenglocke.	Im mittleren oder oberen Bereich langsame Melodien oder Einzeltöne spielen.
5	Ciaoup	Tiefer und druckvoller perkussiver Bass.	Typische Sequencer-Basslines spielen.
6	PPG 2002	Typisch gurgelnder PPG-Sound im Millenium-Gewand.	Langsame Arpeggien oder Melodien im mittleren bis oberen Bereich spielen.
7	Logical Sound	Electric Piano Emulation mit digitalem Klingeln.	Staccato-Akkorde mit variierender Dynamik anschlagen (Stilbeispiel: Logical Song von Supertramp).
8	Fjord Lord	Wer den Wal hat ...	Einzelne Noten im mittleren Bereich lange halten.
9	Machine Head	Automatisierte Tieftonfräse.	Einzelne Noten lange halten.
10	OBY-16	Der typisch fette Oberheim-Bläsersound (Vorsicht: macht Wurstfinger).	Passt zu allen bläsertypischen Akkord-Phrasierungen oder Melodien.
11	FlexPad	Flächensound mit einer komplexen, morphenden Obertonstruktur.	Im unteren bis mittleren Bereich Akkorde halten.
12	Chime On	Wind-Chime-Emulator, auch als Ökobraut-Lockmittel bewährt.	Zufällige, perlende Notenfolgen in beliebigen Bereichen.
13	Dream Theam	Fetter Rave-Leadsound à la Laserdisco auf dem Land.	Simple Melodie-Themen à la Autoscooter spielen.

	Name	*Beschreibung (Description)*	*Spielanleitung (Playing Instructions)*
14	AmbientraK	Chillout-Phrase für Menschen mit niedrigem Blutdruck, die diesen auch behalten wollen.	Akkorde anschlagen und aushalten.
15	Chick Magnet	Simulation einer elektromagnetischen Orgel mit Rotor-Kabinett.	Für Orgel-Phrasierungen.
16	ShakAtak	Stark angeblasener Ethno-Flötensound.	Im mittleren bis oberen Bereich eher langsame Melodiethemen mit viel Verzierungen spielen.
17	Revell Yell	B-Movie-Raumschiffsimulation.	Einzelne Noten oder Akkorde länger halten.
18	Miniplane	Überfliegendes Sportflugzeug.	Im unteren bis mittleren Bereich eine Note länger aushalten.
19	Cannonball	Eine in der Ferne abgefeuerte Kanonenkugel, kann als universeller Electro-Drum-Hall missbraucht werden.	Einzelne Noten anschlagen. Je weiter unten auf der Tastatur, desto dumpfer der Sound.
20	Kick Yer Butt	Ein Tiefdruck-Sub-Bass mit langsam abfallender Tonhöhe.	Einzelne Noten anschlagen. Je weiter unten auf der Tastatur, desto dumpfer der Sound.

11 Trick-Sammlung

Als krönenden Abschluss des Soundforum-Kurses öffne ich in diesem Kapitel meine Trickkiste für Sie und schreibe mal all die Kniffe auf, die ich im Laufe der Jahre so angesammelt habe.

Weit verbreitet ist das Ammenmärchen, dass Sounddesign eine Passion voller Kreativität, ausschweifenden Lebensstils und exorbitanter Kontoeingänge ist. Das erstere stimmt nämlich nur halb: Sounddesign ist manchmal auch reines Handwerk und oft sogar ein bisschen Buchhaltung. Denn auch beim Programmieren von Synthesizersounds gibt es so was wie Mastering. Ich möchte Ihnen Tricks zeigen, mit denen jeder seine eigenen und die Sounds anderer noch diesen Hauch besser klingen lässt, der beim User den Unterschied zwischen ›Äh, nun ja, mal was ganz anderes ... oder?‹ und ›Benutze ich in jedem Track!‹ bedeutet. Perfekter Sound und gute Spielbarkeit sind nicht immer das Ergebnis kokainbeförderter Geistesblitz-Spitzen, sondern oft das Zusammenspiel gut aufeinander abgestimmter Einzelteile. Und genau darum soll es hier gehen.

Als Ausgangspunkt für alle Tricks brauchen Sie auch hier wieder nur den Init-Snapshot. Dieser Init-Sound sowie alle weiteren Beispiele zu diesem Kapitel sind im Ensemble *trick_collection.ens* enthalten, das Sie auf der CD zu diesem Buch finden.

Schwebungen richtig einstellen

Frequenz

Schwebungen im Synthesizersound sind der klangliche Gegenpart zum Salz in der Küche. Ob ein Sound lebendig, fett oder einfach nur grausig verstimmt klingt, bestimmen die Schwebungen zwischen den Oszillatoren.

Entscheidend für den Klang einer Schwebung sind eigentlich zwei Faktoren: Frequenz und Tiefe der Schwebung. Schwebung entsteht durch Verstimmung der Oszillatoren – je weiter sie gegeneinander verstimmt werden, desto schneller schwingt die Schwebung – das ist hörbar. Hier einige Tipps zur Schwebungsfrequenz:

- Langsame Schwebung: Leadsounds und ›dünne‹ Bässe lässt man sehr langsam schweben. Langsame Schwebungen lassen den Sound härter und durchsetzungsfähiger klingen und wirken auch beim Aufdrehen des Vibratos nicht matschig. Für langsame Schwebungen stellen Sie den Detune-Regler im Soundforum-Synthesizer in einem Bereich von 0.01 bis 0.03 ein.
- Mittlere Schwebung: geeignet für polyphone Sounds (Chords, Pads), Arpeggien, Sequenzerlinien und weiche Lead/Melodiesounds. Mittlere Schwebungen machen den Sound voller, aber auch weniger konturiert. Bereich: 0.04 bis 0.07.
- Schnelle Schwebungen: geeignet für auffällige Hooklines, Effekte, zerhackte Riffs. Bei schnellen Schwebungen klingt der Sound leicht bis stark verstimmt und hebt sich dadurch deutlich vom Rest ab. Abgehackte Sounds bei schnelleren Tempi können Verstimmung eher vertragen als getragene Lead-Lines. Bereich: 0.08 bis 0.23.

Mit dem Snapshot ›Detune Tester‹ können Sie das Ganze ausprobieren.

Tiefe

Im Verlauf einer Schwebung löschen sich die Oszillatorsignale gegenseitig aus, wodurch ein Loch bzw. eine betonte Phase im Sound entsteht. Dieses Auf und Ab kann man nivellieren:

- Für maximale Wahrnehmbarkeit der Schwebung müssen beide Oszillatoren möglichst gleich eingestellt sein (Wellenform usw.), auf derselben Tonhöhe liegen und gleich laut sein.
- Wenn der Sound schweben, aber trotzdem etwa im Bassbereich stabil sein soll, können Sie entweder einen Oszillator etwas leiser drehen oder um eine Oktave heruntertransponieren.
- Eine weitere Möglichkeit besteht darin, beiden Oszillatoren eine unterschiedliche Wellenform zu geben.

Weit gefasste Faustregel: Je weniger identisch die Oszillatorsignale sind, desto weniger tief die Auslöschungslöcher.

Wenn Ihr Synthesizer einen Key-Track-Parameter für die Oszillator-Tonhöhe anbietet, setzen Sie diesen für einen der Oszillatoren auf 99 oder weniger Prozent, sodass die Schwebungsgeschwindigkeit über das Keyboard hinweg stabil bleibt (ansonsten steigt die Schwebungsfrequenz mit der Tonhöhe). Der Soundforum-Synthesizer hat keinen solchen Parameter.

Spezialfall Bass

Grundsätzlich sollte der tragende Bass im Mix nicht schweben. Ansonsten besteht die Gefahr, dass einzelne Töne praktisch verschwinden. Wenn die Grundlage Ihres Songs ein schwebender Bass ist, legen Sie ihm einen trockenen, sehr dumpfen 1-Oszillator-Bass (z. B. Dreieck, Sinus, gefilterter Sägezahn) als Fundament unter.

Je nach Tonlage können Sie dieses Fundament auch eine Oktave tiefer stimmen. Einige Synthesizer haben für diesen Zweck einen speziellen, zumischbaren Suboszillator.

Wenn Sie einen Bass statt durch Schwebungen mit einem Chorus, Flanger oder sonstigen Modulationseffekt anfetten möchten, können Sie das Bassfundament mit folgendem Trick erhalten: Benutzen Sie einen externen Chorus-Effekt und legen Sie diesen auf einen Send-Weg. In diesen Send-Weg schleifen Sie ein Hochpass-Filter ein, das die unteren Frequenzen nicht in den Chorus gelangen lässt. Der Sound wird schön breit und fett, trotzdem bleibt der Bass unten trocken.

Pulsbreitenmodulation

Pulsbreitenmodulation (PWM) war in den guten alten analogen Synthesizerzeiten eigentlich ein Notbehelf (wie übrigens auch der Chorus): Viele Synthesizer hatten aus Kostengründen nur einen Oszillator, mussten aber trotzdem mit den großen Vorbildern konkurrieren. Deshalb spendierte man ihnen eine Chorus-Sektion oder eine PWM-Funktion. Auch Pulsbreitenmodulation lässt viele Nuancen zwischen ›leicht schwebend‹ und ›absolut verstimmt‹ zu.

Zwei Gegebenheiten müssen Sie im Auge behalten:

- Im Gegensatz zur Schwebung lassen sich bei der Pulsbreitenmodulation Bereich und Tiefe bestimmen. Je höher die Frequenz der Pulsbreitenmodulation, desto geringer muss die Tiefe sein, um Verstimmung zu vermeiden.
- Pulsbreitenmodulation wirkt intensiver, je tiefer der gespielte Ton ist. Wenn möglich, sollten Sie also die Modulationsgeschwindigkeit per Key-Tracking mit dem Keyboard mitlaufen lassen.

Um einen ausgewogenen Sound zu erzielen, sollten Sie nicht den vollen Bereich zwischen Rechteck (50 %) und einem praktisch nicht mehr hörbaren nasalen Sound (knapp über 0 %) ausnutzen, weil der PWM-Sound dann eiert. Stimmen Sie den Pulsbreitenregler und den Regler für die Tiefe der Modulation aufeinander ab.

Die PWM-Snapshots sind gute Trainingsgrundlagen für die PWM-Programmierung:

- *3 PWM Range*: Hier ist der PWM-Bereich zu weit gewählt – der Sound hat eine deutliche Lücke. Entweder drehen Sie ›Symm‹ in Oscillator 1 oder ›Amount‹ im LFO weiter herunter. Im ersteren Fall bleibt die Modulation gleich stark, im zweiten wird sie gleichzeitig abgeschwächt.
- *4 PWM Speed*: Diese Modulation ist so eingestellt, dass sie im mittleren Bereich (um C3) gut klingt. Spielen Sie den Sound in unteren und oberen Lagen. Hier müssen Sie LFO-Rate und LFO-Amount anpassen, um denselben Sound zu erreichen.

Welche Art Fett für welchen Zweck?

Bei fast allen Synthesizern haben Sie die Wahl zwischen vier Arten, einen Sound anzufetten und Breite zu erzeugen:

1. Detuning per Detune-Regler,
2. Vibrato auf einen Oszillator,
3. Pulsbreitenmodulation oder
4. Chorus (in diesem Fall extern).

Die Frage ist: Welche setzt man wann ein? Kombiniert man zwei oder drei?

Hier ein paar Faustregeln, die Ihnen die Entscheidung erleichtern. Einen direkten Klangvergleich können Sie anhand der ›Fat Check‹-Snapshots ziehen (Snapshots 5 bis 7):

- Detuning (Verstimmen beider Oszillatoren) klingt am natürlichsten und nimmt dem Sound seine Stabilität nicht, ist aber meist wenig spektakulär. Wenn der Sound nicht allzu synthetisch klingen soll – oder wenn Sie einen echten Analogsound suchen –, sind Schwebungen erst einmal die Wahl.
- PWM klingt härter und schärfer, bringt immer eine deutlich hörbare Bewegung im Sound mit sich und ist flexibler kontrollierbar als reines Detuning (neben Frequenz auch Tiefe und Modulationsbereich). PWM benutzen Sie am besten dann, wenn die Modulation deutlich hörbar sein soll, und/oder wenn der Sound dicker und voluminöser klingen

soll – schnelle PWM erzeugt ein deutlich breiteres Klangbild als schnelles Detuning. Ein Mitteldings aus beiden lässt sich erzielen, wenn Sie die Oszillatoren detunen und dann einen mit PWM belegen.

- Für Streicher (Strings), Chöre oder andere Ensemble-artige Sounds können Sie beide Oszillatoren mittelstark verstimmen und dann einen der beiden mit einem Vibrato belegen. So ergibt sich eine schnelle, breite Modulation, die wie eine Vielzahl von Oszillatoren klingt. Wenn Sie zwei LFOs zur Verfügung haben, könnten Sie sogar beide Oszillatoren modulieren, allerdings sollten dann die LFOs unterschiedlich schnell eingestellt sein (die Ensemble- bzw. Symphonic-Effekt-Algorithmen in Effektgeräten kopieren diesen Effekt durch mehrere unterschiedlich eingestellte Chorus-Instanzen, die parallel laufen). Je unähnlicher die Modulationen, desto weniger hörbare Wiederholungen und Auslöschungen entstehen. So könnten Sie also einem LFO eine Sinus- und dem anderen eine Dreieckwelle verpassen.
- Chorus/Ensemble: Modulationseffekte verwaschen den Sound immer (da sie mit Verzögerungen von bis zu mehreren Dutzend Millisekunden arbeiten), addieren aber oft auch einen seidigen Glanz. Während der Ensemble-Effekt eigentlich den verwascheneren Sounds (langsame Ein- und Ausschwingzeit) vorbehalten sein sollte, kann man Chorus auch auf perkussive Sounds anwenden. Als Alternative zum Detuning sollten Sie den Chorus aber nur nehmen, wenn Sie entweder diesen Chorus-Sound wirklich im Sinn haben oder wenn Sie dadurch einen Oszillator für andere Zwecke einsparen können.

Und noch ein paar ganz grobe Faustregeln zum Schluss:

- Für typische Analogsounds Detuning bevorzugen,
- für kräftigere Sounds mit mehr Bewegung PWM nehmen,
- für Ensemble-Sounds beide Oszillatoren mit unterschiedlichem Vibrato belegen (oder bei nur einem LFO einen Oszillator unmoduliert lassen) und
- Effekte zum Anfetten nur dann benutzen, wenn Sie den speziellen Soundcharakter des Effektes brauchen oder wenn Sie dadurch einen Oszillator einsparen können, weil Sie ihn anderweitig benötigen.

Mit welcher Wellenform starten?

Sägezahn eignet sich als Ausgangswellenform zum Programmieren eigentlich immer. Alle anderen Wellenformen sind Teilmengen des Sägezahns. Rechteck z. B. benutze ich nur für hohle Sounds, Pulswelle für alle saitenartigen, PWM für breite Strings oder Pads, Sinus oder Dreieck für speziell weiche. Probieren Sie einfach mal, bei einem beliebigen Synthesizersound die Sägezahnwelle einzustellen – klingt immer irgendwie gut. Auch Filterverläufe oder Filterqualität lassen sich mit Sägezahn am besten beurteilen.

Mit Snapshot ›8 – Filter Harmonics Test‹ können Sie heraushören, welche Harmonischen in einer Wellenform enthalten sind: Halten Sie eine Note und lassen Sie das Filter langsam herunterfahren. Da die stark aufgedrehte Resonanz immer die Frequenzen um die Cutoff-Frequenz verstärkt, ergeben sich an den Stellen, wo Cutoff-Frequenz und Harmonische aufeinandertreffen, deutlich hörbare und im Scope sichtbare Pegelspitzen. Schalten Sie mal auf Rechteck oder Dreieck, und vergleichen Sie.

Wo ist die Klangfarbenvielfalt versteckt?

Mit den wenigen analogen Wellenformen (Sägezahn, Rechteck/Pulswelle, Sinus, Dreieck, Rauschen) lassen sich durch Kombination der Oszillatoren auch nur wenige wirklich unterschiedliche Grundklangfarben erzeugen. Mit zwei Oszillatoren vervielfacht sich die Palette durch Mischung verschiedener Wellenformen und Lagen.

Und selbst im sehr einfach gehaltenen Soundforum-Synthesizer kommt mit FM noch mal ein Vielfaches an Variationsmöglichkeiten dazu. Insofern kann man selbst mit einem einfachen Analogsynthesizer schon eine ganze Menge an Grundklangfarben hinbekommen.

Um aus zwei Oszillatoren drastisch andere Klangfarben herauszubekommen, eignet sich das einfache Mischen unterschiedlicher Wellenformen nur dann, wenn die Variationen bescheiden ausfallen sollen. Deutlichere Varianten ergeben sich, wenn die Oszillatoren dabei auch noch in anderen Oktavlagen sirren. Ob bei einem Bass-Sound beispielsweise ein Sägezahn mit einer Rechteckwelle eine Oktave höher gemischt wird oder umgekehrt, macht einen Riesenunterschied (Snapshots 9 und 10 zeigen ihn).

Filter-Flankensteilheit (Slope)

Wie das Filter im Soundforum-Synthesizer, so bieten auch in anderen Synthesizern die meisten Filter mehrere Flankensteilheiten an. Regel sind 12 und 24 dB, oft gibt's noch 6 dB oder 18 dB dazu, ganz selten sind höhere Flankensteilheiten von 36 dB und mehr.

Die praktische Faustregel: Je höher die Flankensteilheit, desto drastischer greift das Filter in den Klang ein, desto schärfer und satter klingt es – aber auch umso künstlicher.

Das kann man als Soundprogrammierer in ein einfaches Lebensmotto fassen: Je natürlicher der Klang wirken soll, desto geringer sollte die gewählte Flankensteilheit sein. Das wird vor allem dann relevant, wenn Sie mit einem Sampler, Sample-Player oder einem sample-basierten Synthesizer (wie die meisten Workstations) arbeiten. Wenn das Filter die Klangformung eines Piano- oder Streicher-Multisamples übernehmen soll, klingen schon 12-dB-Filter oft zu künstlich – d. h., man hört dem Sound an, dass er ab*geschnitten* wird und nicht ab*klingt*. Klangfarbenverläufe – wie etwa das langsame Abnehmen der Harmonischen beim Ausklingen eines Klaviertons – sind bei akustischen Instrumenten sehr dezent: Ein 24-dB-Filter ist dafür zu heftig.

Probieren Sie anhand von Snaphot ›11 – natural → synthetic‹ einmal selbst aus, wie drastisch unterschiedlich die Filter wirken: Wählen Sie nacheinander die Tiefpass-Modi LP1 (6 dB), LP2 (12 dB) und LP4 (24 dB) an. Während LP1 einem natürlichen Ausklang sehr nahe kommt, formt

LP4 den Sound schon sehr stark synthetisch. Genau dieser Charakter der Klangformung zeichnet ein Filter aus. Ein alter Moog-Synthesizer bezieht einen Gutteil seines Klanges aus dem Moog-Filter, während ein Prophet-5 ganz andere, ebenfalls charakteristische Filter besitzt.

Key Tracking

Die meisten Synthesizer-Filter bieten einen Key-Tracking-Regler. Mit ihm kann man die Filterfrequenz vom Keyboard mittransponieren lassen. Tut man das nicht, klingen tiefe Noten zu hell und hohe Noten zu dumpf oder verschwinden ganz.

Im Snapshot ›12 – Filter Key Track‹ können Sie das ausprobieren:

- Spielen Sie das Pad in weiten Lagen. Der Sound klingt schmal, undefiniert und langweilig.
- Drehen Sie nun ›K-Track‹ im Filter auf 1 und wiederholen Sie den Test – nun klingt der Sound über die Tastatur hinweg ausgewogen.

Bei Sounds, die natürlich oder gut spielbar sein sollen, sollten Sie Key Tracking im Filter deshalb aufdrehen. Trick hierzu: In der Regel ist das Key Tracking bei der Note C3 neutral. Deshalb stelle ich grundsätzlich die Cutoff-Frequenz ein, während ich Noten in diesem Bereich spiele. Anschließend teste ich dann die Außenbereiche und gleiche das Key-Tracking ab.

Durch Key Tracking können Sie auch den Charakter von Filter-Sweeps gezielt beeinflussen: Ohne Key Tracking ist der Filter-Sweep für alle gleichzeitig gespielten Noten einheitlich – der Sound klingt wie aus einem Guss. Mit Key Tracking können Sie den Guss sprengen und dem Gesamtsound mehr Bewegung verleihen. Testen Sie das mal mit dem Snapshot ›13 – Sweep Key Track‹, und spielen Sie dazu weite Lagen einmal mit und einmal ohne Key Tracking.

Filterbereich richtig setzen

Damit ein Sound richtig gut spielbar ist, müssen Sie den Bereich, den das Filter überstreicht, richtig einstellen. Das geht am schnellsten so:

1. Envelope-Depth aus, Velocity aus und sonstige Modulationsquellen ebenfalls deaktivieren oder neutral einstellen.
2. Im Bereich C3 spielen und Cutoff auf den Minimalwert einstellen. Der sollte auf keinen Fall so niedrig sein, dass der Sound verschwindet.
3. Key Tracking so programmieren, dass der Sound über die gesamte Tastatur hörbar und ausgewogen ist.
4. Dann Attack in der Filter-Hüllkurve auf Null und Sustain auf Maximalwert setzen. Envelope-Depth aufregeln, bis der gewünschte Maximalwert (hellste gewünschte Klangfarbe) erreicht ist.
5. Nun Hüllkurve, Velocity und andere Modulationen programmieren.

Wenn Sie sich diesen Ablauf fest einprägen, werden Ihre Sounds besser spielbar sein und ausgewogener klingen.

Ein Beispiel finden Sie in Snapshot ›14 – Perfect Filter Setting‹ – das Filter klingt über den gesamten Klaviatur- und Dynamikbereich ausgewogen.

Resonanz als dritter Oszillator

Die Filter-Resonanz können Sie in vielen Synthesizern als dritten Oszillator einsetzen. Wenn sie voll aufgedreht ist, erzeugt das Filter eine Sinuswelle (Selbstoszillation), deren Frequenz von der Cutoff-Frequenz abhängt. Bei vielen Synthesizern schwingt das Filter nur, wenn es von einem Oszillator-Eingangssignal ›angeregt‹ wird – beim Soundforum-Synthesizer ist das nicht nötig.

Diese Signal kann man als dritten Oszillator benutzen – speziell Orgelsounds lassen sich damit sehr gut auch aus analogen Synthesizern holen.

Der Snapshot ›15 – 3 Drawbar Organ‹ erzeugt einen Orgelsound aus drei Sinustönen (Fußlagen 16, 8, 2 2/3) – wovon der höchste vom Filter kommt.

Trick: Da sich mit der groben Einteilung des Cutoff-Reglers oft der gewünschte Ton nicht genau treffen lässt – wie auch in diesem Fall – basteln Sie sich aus einer Kombination von ganz niedrigem Sustain-Level (Filter-Hüllkurve) und dem Envelope-Depth-Regler eine Feinstimmung. Den Tastenklick übernimmt ebenfalls die Filter-Hüllkurve (extrem kurzes Delay).

Übrigens: Höhlenartige oder anderweitig rauschig hallige Sounds (Echolot, Flöte) lassen sich sehr gut mit einer Kombination aus Noise im Oszillator und einem selbstschwingenden Filter erzeugen – probieren Sie's aus! Der Snapshot ›16 – Tuned Noise‹ ist mit nur wenigen Parameteränderungen aus Snapshot 15 entstanden und demonstriert genau diesen Effekt.

Wozu eigentlich Bandpass oder Hochpass?

Auch wenn Multimode-Filter heute eine Selbstverständlichkeit sind, kommt in sicherlich 99 % aller Synthesizersounds das Tiefpass-Filter zum Einsatz. Der Grund dafür ist sicherlich nicht mangelnde Kreativität seitens der Soundprogrammierer, sondern schlicht die Tatsache, dass das Tiefpass-Filter eben die Klangverläufe formt, die akustische Instrumente auch aufweisen – und die braucht man nun mal in den meisten Sounds, denn der Mensch ist ein Gewohnheitstier.

Wofür aber kann man Band- und Hochpass eigentlich einsetzen?

Einen akustischen Eindruck können Sie sich mit dem Snapshot ›17 – HP BP Test‹ verschaffen – halten Sie Akkorde und schalten Sie zwischen den verschiedenen BP- und HP-Modi des Filters um. BL4 ist ein Sonderfall: Es ist eigentlich ein BP-Filter, allerdings mit 6-dB-Hochpass und 18-dB-Tiefpass und klingt damit musikalischer als das BP4.

Der Hochpass ist – was angesichts des Namens wenig überraschen dürfte – genau das Gegenteil des Tiefpasses: Er lässt die Höhen passieren und beschneidet die Anteile unterhalb der Cutoff-Frequenz. Hochpass-Sounds sind deshalb dünn, schneidend, da die Höhen immer voll da sind, die Bässe aber fehlen. Snapshot ›18 – HP Intro Sweep‹ zeigt etwa, wie man mit dem Hochpass einen Sweep-Sound basteln kann, der quasi aus dem Nichts heraus einen eiskalten Flächensound aufbaut.

Das Bandpass-Filter hingegen ist eine Kombination aus Tief- und Hochpass. Es lässt nur den Frequenzbereich um die Cutoff-Frequenz durch und ist daher gut geeignet, Formanten zu formen – also etwa die Resonanz-Eigenschaften eines Korpus (Gitarre, Klavier, Holzblasinstrument). Der Bandpass entspricht dann einem parametrischen Mitten-Equalizer. Snapshot ›19 – Oboy‹ demonstriert das: Eine Sägezahnwelle wird hier so beschnitten, dass der Sound in allen Lagen genau den gleichen, dünnen und näselnden Charakter hat. Das liegt natürlich daran, dass die Cutoff-Frequenz wegen ausgeschalteten Key Trackings über alle Lagen identisch bleibt. Nicht dass ich mit diesem Patch andeuten wollte, man könne mit analogen Synthesizern auch nur annähernd überzeugende Bläsersounds realisieren – aber die Idee dürfte rüberkommen.

Saftig oder cremig?

In früheren Kapiteln habe ich darüber philosophiert, dass man Klängen unbewusst Empfindungen zuordnet. Klänge, die einem gut gefallen, lösen angenehme Empfindungen aus. So mag man im Allgemeinen warme, fette oder kühle Klänge. Nicht so gern gehört dagegen sind matschige, kreischende oder dünne Sounds.

Mit dem letzten kleine Trick möchte ich Ihnen zeigen, wie Sie fast allein mit dem Filter Sounds hinbekommen, die automatisch die Assoziationen von ›saftig‹ bis ›cremig‹ erzeugen – also einem das Gefühl geben, man beiße in eine Pflaume oder in ein Toffee – je nach Geschmack.

Aus irgendeinem Grunde sind solche Sounds beim Publikum besonders beliebt und werden unter anderem gern in Liedern genutzt, die sich im weitesten Sinne mit Fortpflanzung beziehungsweise diese anbahnenden Aktivitäten befassen.

Testen Sie Snapshot ›20 – Juice or Cream‹, und Sie wissen, was ich meine.

Solche Sounds bekommt man automatisch mit einer bestimmten Kombination von Filter, Filter-Hüllkurve und Lautstärke-Hüllkurve hin. Je besser das Filter, desto ausgeprägter und wohliger der Effekt.

Basis des Ganzen ist das Konstrukt, die Filterfrequenz eines Tiefpass-Filters schnell aufschnappen und langsam wieder herunterfahren zu lassen – vergleichbar dem Zeitverlauf, mit dem eine Puddingtorte in einer Tortenschlacht das Gesichtsfeld des Opfers einnimmt (Attack) beziehungsweise wieder freigibt (Release).

Die Cutoff- und Envelope-Depth-Einstellung muss wie oben beschrieben genau passen.

Den Flüssigkeitsgrad regelt die Filter-Resonanz. Ist sie niedrig, klingt's nach Sahne oder Toffee, ist sie hoch, geht's in Richtung Sirup oder Saft. (Falls Sie an dieser Stelle dem Verdacht nachgeben sollten, ich stünde beim Schreiben dieser Zeilen unter dem Eindruck von im Bahnhofsmilieu erworbenen ›Medikamenten‹ südamerikanischer Provenienz, prüfen Sie die Beschreibung nach – die Assoziation ist erfahrungsgemäß bei allen Musikern eines vergleichbaren Sozialisationskreises ähnlich.)

Wichtig ist auch, dass man einen pappigen Eindruck beim Loslassen der Taste vermeidet – hierzu müssen die Release-Zeiten sowohl der Filter- als auch der Lautstärke-Hüllkurve sehr kurz eingestellt sein.

Die Festigkeit der assoziierten Substanz kann man mit der Attack-Zeit der Filter-Hüllkurve beeinflussen – längere Attack-Zeiten lassen den Sound matschiger, überreif klingen.

Sie können jetzt gern einmal testweise alles am Soundforum-Synthesizer verstellen – mit Ausnahme der beschriebenen Sektionen. Sie werden feststellen: Egal was ins Filter rein kommt: Raus kommt Toffee oder Sirup. Womit bewiesen wäre, wie entscheidend das Filter für den guten Sound sein kann.

Inhalt der CD-ROM

Windows

- *Soundforum Synth Setup.exe*
  Dies ist die Installationsdatei für den Soundforum-Synthesizer. Sie starten die Installation mit einem Doppelklick und werden dann automatisch durch alle weiteren Schritte geleitet.
- Ordner *Sounds*
  In diesem Ordner sind die Ensemble-Dateien abgelegt, die Sie im Laufe des Kurses benötigen.

Mac OS

- *Soundforum Synth Installer*
  Dies ist die Installationsdatei für den Soundforum-Synthesizer. Sie starten die Installation mit einem Doppelklick und werden dann automatisch durch alle weiteren Schritte geleitet.
- Ordner *Sounds*
  In diesem Ordner sind die Ensemble-Dateien abgelegt, die Sie im Laufe des Kurses benötigen.

Index

Zahlen

A

B

C

D

T

U

V

W

X

Y